Gabriele Farke

OnlineSucht

Gabriele Farke

OnlineSucht

Wenn Chatten und Mailen zum Zwang werden

Kreuz

Im Text sind E-Mails an die Autorin und Chat-Beiträge durch übergroße An- und Abführungszeichen kenntlich gemacht.

Inhalt

Vorwort

Als ehemals selbst betroffene Onlinesüchtige möchte ich mit diesem Buch einen Lei(d)tfaden für alle bieten, die der Meinung sind, dass ihr Leben – oder das ihrer Angehörigen – in eine falsche Richtung läuft, weil nicht mehr das reale Umfeld, sondern der Computer bzw. das Internet und das »buchstäbliche« Agieren auf dem Monitor mit Menschen ohne Gesichter ihren Lebensinhalt ausmacht.

Laut erster wissenschaftlicher Studien sind in Deutschland bereits über 1 Million Menschen onlinesüchtig, Tendenz steigend[1]. Es tut also dringend Not, Aufklärungsarbeit zu leisten, präventiv tätig zu werden und Betroffenen sowie deren Angehörigen und Freunden konkrete Hilfestellung zu geben. Dieses Buch soll dazu beitragen, nicht das Internet zu verdammen, sondern den Wurzeln des Übels einer exzessiven Anwendung zu begegnen, denn Onlinesucht – so behaupte ich – ist ein gesellschaftliches Problem, dem wir uns im Laufe der kommenden Jahre alle stellen müssen, wenn wir nicht eines Tages in einer Gesellschaft von Einzelgängern leben wollen, die ihre Gefühle, Sehnsüchte und sexuellen Triebe in einem stillen Kämmerlein an einem Computer ausleben werden.

Seit der Überwindung meiner eigenen Onlinesucht beschäftige ich mich nunmehr seit vielen Jahren praxisorientiert und hautnah mit der Thematik, gründete 1999 den ersten Selbsthilfeverein »Hilfe zur Selbsthilfe für Onlinesüchtige« und habe seit dieser Zeit Tausende von Hilferufen erhalten, wovon ich Ihnen u. a. einige Fallbeispiele schildern werde. Als bundesweit tätige Referentin zum Thema »Bewusster Umgang mit dem Internet« begegne ich überall in Deutschland Betroffenen, deren Eltern, Angehörigen, Freunden, Kollegen oder Lehrern, und ich möchte Ihnen hier meine Erfahrungen aus diesen Begegnungen und Gesprächen weitergeben, um eine notwendige Sensibilität für ein Thema zu wecken, das noch immer ein Tabu ist in Deutschland.

Onlinesucht ist unterteilt in verschiedene Bereiche, wovon die meisten Betroffenen sicher im Kommunikationsbereich (Chat, E-Mails, Foren) anzutreffen sind, gefolgt vom heute noch weit unterschätzten Sex-Bereich (pornografische Seiten, Herunterladen von »Pics«* etc.), wobei letzterer massiv auch in den Kommunikationsbereich einbricht. Jugendliche finden wir vor allem im »Spiele-Bereich« (Online-Games, LAN-Parties), aber auch das Ersteigern von Waren in den Internet-Auktionshäusern kann zur Sucht werden. Das Ausleben der Lust und sexueller Phantasien mit anonymen PartnerInnen im Internet ist inzwischen längst zu einer beliebten Form der (Selbst-)Befriedigung geworden, nur ... keiner sprach bisher darüber.

In einer Gesellschaft, in der fast jeder Haushalt schon über einen Internetanschluss verfügt, ist die erste Euphorie der unbegrenzten Möglichkeiten längst verflogen, und auch Sie werden eines Tages mit dem Thema in Ihrer unmittelbaren Umgebung konfrontiert werden, dass der Kollege, die Freundin, der Sohn, die Tochter oder Ehefrau sich nicht mehr lösen kann von diesem »Fenster der Sehnsucht«, wie ich es manchmal nenne.

Nicht als Internetkritikerin, sondern vielmehr als Internetnutzungskritikerin lade ich Sie ein zu einem sehr offenen und ehrlichen, manches Mal wohl auch erschreckenden Streifzug durch eine Abhängigkeit, die vielleicht noch etwas fremd für Sie ist, bevor Sie dieses Buch bis zur letzten Seite gelesen haben.

---

* Fotos, die aus dem Internet auf den Rechner zu laden sind

 **Trauer über den Verlust eines Menschen – durch Onlinesucht!**

Meine Beziehung zu einem Mann ist erst 7 Monate alt. Wir hatten Pläne für eine gemeinsame Zukunft, weil nicht nur Herz und Kopf, sondern auch alles andere sehr stimmig war. Es liegt nicht daran, dass ich selbst ein uninteressantes Wesen bin, dennoch: Dialoge sind mit ihm nicht mehr zu führen, es sei denn, ich befinde mich selbst im Internet-Chat mit ihm.

Die Stunden, die wir gemeinsam verbringen, sehen so aus, dass abgehackte Sätze von ihm kommen, während er tippt. Er ist zur Zeit ohne Arbeit, bemüht sich auch um keine und ist täglich von 9 Uhr in der Früh bis nachts um 4 im Netz. Durch das Chatten scheint er Zerstreuung zu suchen. Mehrere Dialog-Fenster sind gleichzeitig offen – ich weiß, dass es schön ist, über das Internet Bekannte zu finden (wir selbst haben uns so auch kennen gelernt), er aber erscheint mir immer mehr wie ein Kind, das in einer Art »black-box« sitzt und sich selbst nicht mehr befreien kann.

Mein Drängen – lass uns raus, was unternehmen, bitte mach mal aus für eine Stunde – scheitert immerzu. Ich selbst habe nichts gegen Chats, nichts gegen Internet-Dialoge mit Personen jeglichen Geschlechts, im Gegenteil, es ist stellenweise sogar bereichernd.

Wenn aber die Beziehung derart leidet, dass alles andere, was das Leben ausmacht, unwichtig wird (Duschen, Essen, Reden, Kuscheln, sinnvolle Gespräche, Pflegen von realen Freundschaften, Erledigen von alltäglichen Dingen wie einkaufen, putzen, etc.) – was soll und darf und kann ich tun?

Ich litt sehr – mittlerweile sehe ich für mich nur eine Chance – ich muss meinen Weg für mich gehen. Es ist eine Kluft zwischen uns entstanden, da er nicht mehr merkt, wie er sich immer weiter von mir entfernt. Er selbst sagt, er liebt mich, ich bin alles für ihn, was ich ihm auch glaube. Ich empfinde gleiches – doch wie lange geht das so noch gut? SIEHT ER MICH DENN NICHT MEHR?

Dies ist ein stummer Schrei – ich bitte um einen Rat, denn ich habe keinen mehr, möchte meinen Partner nicht verlieren an ein Netz, das uns zusammenführte und uns wieder von einander zu trennen scheint ... M.

Ein Einzelfall? Wohl kaum.

Über welche Größenordnung von betroffenen Onlinesüchtigen reden wir eigentlich?

Mehr als 1 Million Internetnutzer in Deutschland zeigen Studien zufolge Anzeichen einer Internetsucht! Bei 3–4 % der derzeit 32 Millionen[*2] deutschen Internetnutzer ist der Gebrauch des neuen Mediums »problematisch«[3]!

Wer meint, es seien »nur« Jugendliche oder sozial schwache Schichten, die betroffen sind, irrt gewaltig, wie dieses Buch beweisen wird. Inzwischen sind längst nicht mehr nur Männer online, sondern die Frauen haben das Internet für sich erobert, ebenso wie Jugendliche und Senioren.

I. Onlinesucht: Was ist das überhaupt?

Zugegeben, das Thema »Onlinesucht« ist immer noch relativ neu und klingt »modern«, aber beleuchten wir diese Sucht und deren Hintergründe näher, wird uns schnell klar, dass die Onlinesucht nichts anderes ist, als eben eine gewisse Disziplinlosigkeit und der Schrei nach Liebe – wie er wohl in so manch anderer Suchtform latent immer zu erkennen ist! Die Wurzeln einer Sucht sind sicher identisch, egal von welcher Suchtform die Rede ist.

Wenn ich von »Onlinesucht« spreche, suggeriere ich Ihnen, dass diese »Störung in der Handhabung des Internets« bereits eine in Deutschland anerkannte Suchtkrankheit ist, was bisher aber nicht der Fall ist. So sprechen Experten auch vom »Pathologischem Internetgebrauch – PIG« , von »Internet-Abhängigkeit« bzw. »Internet-Addiction-Disorder – IAD«.

Der Einfachheit halber bleibe ich jedoch bei dem Begriff Onlinesucht, denn für mich als ehemals Betroffene ist es längst erwiesen, dass es sich um eine Sucht im typischen Sinne – mit all' den bekannten Begleit- und Entzugserscheinungen einer Abhängigkeit handelt.

Was ist eigentlich Onlinesucht?

Onlinesucht nennt man den exzessiven Gebrauch des Mediums Internet. Der Betroffene wird vom Internet beherrscht, statt es selbst zu beherrschen. Ein (auch nur temporärer) Verzicht auf das Internet erscheint ihm völlig undenkbar. Der Bezug zur realen Welt geht zunehmend verloren und er findet in der virtuellen Welt seine Anerkennung, seine Freunde, sein neues Leben.

Bernad Batinic, Wissenschaftler am Fachbereich Psychologie der Universität Gießen, hat es folgendermaßen ausgedrückt: »*Das Problem Internetsucht existiert. Es gibt Menschen, die sich den Konsum des Internet nicht einteilen* können beziehungsweise nicht damit aufhören können. *Doch die Linie zwischen ›noch normal‹ und ›bereits süchtig‹ ist sehr schwer zu ziehen.*«

Allerdings ist Batinic – wie ich auch – fest davon überzeugt, dass es einen Automatismus, vom Internet süchtig zu werden, nicht gibt: »*Um süchtig zu werden, müssen bestimmte psychische Vorschäden bereits vorhanden sein. Schließlich werden auch nicht alle Menschen, die Alkohol trinken, automatisch zum Alkoholiker.*«

Immer wieder betone ich während meiner Öffentlichkeitsarbeit in den Referaten und Interviews, dass nicht das Internet die »Droge« ist, sondern es IMMER im Verhalten (und den Suchtanlagen?) des Internet-Nutzers begründet ist, wenn die Faszination zur Sucht wird.

Wissenschaftler vermuten, dass Onlinesucht eine Störung der Impulskontrolle ist. Menschen mit Störungen der Impulskontrolle können Verhaltensweisen nicht widerstehen, die sich schädlich gegen sie selber oder andere auswirken können. Die Störungen der Impulskontrolle sind noch weitgehend unerforscht.

Betroffene und deren Angehörige tauschen sich im Netz über die Gründe der Onlinesucht aus:

> Hallo,
> ich frage mich, was unterscheidet die Chat-Kontakte von den Realkontakten so stark, dass oftmals suchtmäßig der Kontakt im Rahmen des Internets gesucht wird. Wie aus einigen Erfahrungsberichten zu entnehmen ist, werden die oft langjährigen Real-Beziehungen vernachlässigt und dabei aufs Spiel gesetzt.
> Sind die Real-Kontakte zu öde, langweilig oder zu stressig? Findet man im Internet mehr Menschen, in die man seine Wünsche und Idealvorstellungen hineininterpretieren kann? Ist es das?

Brauchen wir diese Scheinwelt, in der wir uns selbst so darstellen und beschreiben können, wie wir immer sein wollten? Wie seht Ihr das?

》》 Viele User, die suchtmäßig das Web nutzen, verstecken sich dabei hinter einer Identität, die real nicht vorhanden ist oder erreichbar scheint. So sehe ich das zumindest. Mag sein, dass nun wieder viele behaupten NEIN so sei das nicht, aber wenn man mal in Chats die Beschreibungen der einzelnen Leute sieht, wird dies mehr als deutlich, oder?

》》 Du stimmst mir zu, dass viele User[4] sich hinter einer Identität verstecken. Nur frage ich mich, wie lange lässt sich das aufrecht erhalten. Wenn ich nicht meine Identität offenlege, kommt auch keine wirkliche Begegnung zustande. Das heißt, dass ich in absehbarer Zeit vereinsame, da reale Treffen nicht mehr möglich werden. Wird das ausgeblendet? Ich möchte es gern verstehen.

》》 Zwar schreie ich jetzt nicht laut NEIN, weil es bestimmt für einen großen Teil der Süchtigen zutrifft. Aber ich glaube auch, ein noch sehr wichtiger Punkt ist bestimmt, dass zu fast JEDER Zeit IMMER jemand da ist, mit dem man reden kann, der einem zuhört. Und Schritt für Schritt traut man sich auch im realen Leben dann wieder die Fesseln, die einem andere angelegt haben, zu sprengen.

》》 Ich glaube, du hast einen wichtigen Punkt angesprochen. Es ist immer jemand verfügbar. Nur ein Mausklick und ich befinde mich mit jemandem im Gespräch. Und doch stimmt irgendwie an der ganzen Angelegenheit irgendetwas nicht. Ist es, dass man nicht weiß, wer sich wirklich hinter dem Chatpartner verbirgt? Oder dass die Begegnung oft so vergänglich ist, weil nach relativ intensiven Gesprächen plötzlich ein Ende ohne weitere Verabredung geschieht? Man bleibt allein und »verloren« zurück. Irgendwie bin ich ratlos.

Nein, es ist nicht die Anonymität deines Gegenübers, denn bei den meisten Abhängigen ist die Identität des anderen im Laufe der Zeit durchaus bekannt. Es ist auch nicht das unkomplizierte »Ausklinken«, sondern es geht einfach viel tiefer.

Es sind die tiefen Sehnsüchte, die verborgenen Träume und Wünsche, die in das Gegenüber projiziert werden. Unbewusst. So »entsteht« ein Mensch, der all das besitzt, was du dir immer schon gewünscht hast, aber eben auch ein Mensch, der real niemals mit diesem »Wunschbild« mithalten kann. Letztlich bleibt der richtige, reale und nahe Ehepartner dann oft auf der Strecke – ohne zu ahnen, warum und was da mit dem anderen passiert ist.

Ich rate immer wieder jedem, der im Kommunikationsbereich »gefesselt« ist, dass er sich dringend bemühen sollte, die Frau oder den Mann seiner/ihrer »Träume« real kennen zu lernen und sich einige Male mit ihm/ihr zu treffen. Meist ist es dann leider (?) so, dass man sehr schnell feststellt, dass eine gehörige Portion Wunschdenken dabei war – oftmals über eine sehr lange Zeit. Ist es nun für dich etwas klarer geworden?

Du schreibst mir, dass die meisten Abhängigen die Identität des anderen im Laufe der Zeit kennen, also reale Kontakte herstellen. Ja, dann ist doch im Grunde alles gut. Es ist wie eine Kontaktbörse oder Brieffreundschaft, die irgendwann zu Treffen führen. Das bedeutet auch den Ausschluss von projizierten Wünschen und Träumen auf den anderen. Oder meinst du, wenn das »böse Erwachen« bei den realen Treffen verarbeitet ist, der

15

Süchtige sich wieder jemand Neues im Chat sucht, auf den die tiefen Sehnsüchte projiziert werden können? Und so weiter......

Ich denke, ein wichtiger Punkt ist das Ausleben geheimer eigener Wünsche in einer völlig anonymisierten Form. Und das beruhigende Gefühl, Kontrolle über das Geschehen zu haben, die dann aber sicherlich irgendwann verloren gehen kann, ohne dass der Süchtige es rechtzeitig merkt. Man/frau darf im Chat (fast) alles tun, ohne Konsequenzen zu fürchten. Und das wird der Trugschluss sein.

Wenn das anfänglich interessante Spiel zur Routine wird und keine wirklichen, echten Begegnungen stattfinden, kann es zu Gefühlen der Leere, Einsamkeit und des Ausgebranntseins führen. Ich selbst bin noch im Anfangsstadium des Ausprobierens und spüre eine Faszination, in verschiedene Rollen zu schlüpfen. Ganz geheuer ist es mir dabei allerdings nicht. Ich frage mich, wann setzt der Kontrollverlust ein? Zur Zeit erlebe ich das Internet und das gelegentliche Chatten als Ergänzung zu meinem sehr kommunikationsfreudigen Realleben.

>> Ja, vielleicht ist das ein wichtiger Aspekt: Die Suche nach sich selbst. Ich bin ein Mensch, der sich intensiv mit sich selber auseinandersetzt und ich denke, ich kenne viele Facetten von mir, mit den dazu gemachten Entwicklungsschritten. Und trotzdem habe ich in der Anonymität des Chats noch mehr von mir kennen lernen können. Manches war sehr überraschend. Es war also eine Erweiterung. Mittlerweile merke ich, dass ich mit dem Ausprobieren verschiedener Rollen genug Spaß gehabt habe. Ich habe gemerkt, dass es intensive Begegnungen im Chat gab, die trotzdem so flüchtig waren. Es gab kein reales Treffen und ich wollte das auch gar nicht. Übrig bleibt bei mir aber ein schales Gefühl. Was sollen diese Begegnungen, die Zeit und die Gefühle, die man da investiert? Viel-

leicht ist das schale Gefühl auch deshalb da, weil ich mich nicht ganz ehrlich präsentiert habe und auch nicht weiß, wer der andere Kommunikationspartner wirklich ist.

>> Dieses schale Gefühl kenne ich nur zu gut. Ich möchte an dieser Stelle gerne dein Bild der Spielwiese aufgreifen: Insbesondere das der Spielzeuge. Vielleicht behandeln die Gesprächspartner einen selbst auch als solches. Ich hab selbst ein solch übles Spiel im Chat getrieben. 10 Monate gab ich eine erfundene Ideal-Identität an und habe es genossen, von anderen bewundert zu werden, obwohl ich selbst nicht besser oder schlechter als die meisten anderen war. Parallel dazu chattete ich unter der bekannten Identität weiter, gab jedoch vor, aufzuhören, weil es als 2 Personen unheimlich aufwendig und anstrengend wurde.

An einem aufregenden Wochenende wurde mein Schwindel entdeckt. HILFE, was mach ich jetzt … alles abstreiten? Oder dazu stehen?

Keine leichte Entscheidung! Aber ich habe mich dazu entschlossen, es zuzugeben und war unbeschreiblich positiv überrascht von den Reaktionen der Betroffenen. Ich denke, diese Erfahrung lässt mich heute anders zum Chatten stehen. Ich hab aus diesen beiden Identitäten wieder eine gemacht: MICH. Und dabei das schale Gefühl, das die erste mitnahm, durch ein sehr, sehr positives von der Reaktion auf die Aufdeckung der zweiten wieder wettgemacht. Ich denke, wenn ich es abgestritten oder die Aufdeckung nie stattgefunden hätte, wäre ich zwar unbeschadet rausgekommen, aber dieser bewegende Moment, diese positiven Reaktionen haben mir viel mehr gegeben. Das Gefühl, es handelt sich bei meinen Chat-Gesprächspartnern um Menschen, die fühlen und die sich aktiv mit einem anderen auseinandersetzen, die sich ärgern, wenn sie merken, sie wurden an der Nase herumgeführt. Und um Menschen, die Verständnis zeigen, die auch nachdenken und verzeihen.

Vielleicht etwas schwer zu verstehen. Aber ich fühle mich jetzt sehr gut. Und vielleicht ist deshalb auch jetzt gerade der beste Moment, mit dem Chatten aufzuhören. Seit einer knappen Woche war ich nicht mehr aktiv im Chat. Wirklich, ich fühle mich richtig gut!

Und genau das ist es!!!!!!!
Auch ich habe die Erfahrung gemacht, dass es das eigene Ich ist, das man im Chat entdeckt. Wie du (und Millionen anderer) habe auch ich manches mal gestaunt über meine Reaktionen, meine E-Mails, mein Verhalten. Aber wenn Ihr wie ich daraus lernt und es schafft, das Erlebte real umzusetzen und in Euer (reales) Leben einfließen zu lassen, dann habt Ihr aus all dem eine ganze Menge Positives für Euch gewonnen! Und glaube mir, während und nach diesem Prozess des Umsetzens in die Realität, hast du eine völlig andere Einstellung zum Chat und kannst viel vernünftiger damit umgehen.

Du wirst es schaffen, wie es alle schaffen werden, die sich eben gegen diese Auseinandersetzung mit sich selbst und ihrem Verhalten nicht sperren und daraus lernen!

So viel vorab zu einigen Gedanken, die sich Betroffene und Angehörige über die Onlinesucht und deren Beweggründe machen. Aber …

Wie erkenne ich eigentlich, ob ich süchtig bin?

Wann ist jemand süchtig, wann »nur« von etwas fasziniert? Wann ist jemand ein Trinker, wann ist jemand ein Spieler?

Die Grenzen, wann jemand als »süchtig« zu bezeichnen ist, sind eher fließend und im Prinzip vom Gefühl her wohl nicht klar definierbar bzw. einzugrenzen.

Wenn allerdings der Betroffene seine Leidenschaft, sei es der Alkohol, das Roulettespiel oder das Internet, nicht mehr kontrollieren kann und ein Verzicht ohne massive Mangelerscheinung nicht mehr möglich ist, dann wird er von eben dieser Leidenschaft beherrscht, statt sie selbst zu beherrschen. In diesem Moment reden wir von Sucht. Wenn das eigene Verhalten mehr und mehr zum Problem wird, die Beschwerden des sozialen Umfeldes sich häufen, dann sollte sich der Betroffene selbst überprüfen und sein Verhalten verändern.

Im Folgenden sind einige der auffälligsten Anzeichen für Onlinesucht aufgeführt:

- ☐ In Ihrer Partnerschaft beginnt es zu kriseln, weil es ständig Krach wegen des Computers gibt.
- ☐ Freunde beschweren sich, weil Ihre Telefonleitung ständig besetzt ist.
- ☐ Telefon- und Internetkosten erreichen schwindelnde Höhen.
- ☐ Schulden wachsen an – Mahnbescheide flattern ins Haus.
- ☐ Das Interesse an realen Geselligkeiten lässt merklich nach.
- ☐ Besuch ist eher lästig geworden, weil Sie doch viel lieber am Computer sitzen würden.
- ☐ Falls Sie (noch) berufstätig sind, lässt Ihr Elan und Engagement im Betrieb merklich nach.
- ☐ Ihnen macht der mangelnde Schlaf zu schaffen und Sie sind erschöpft.

☐ Sie gehen, statt real zu shoppen, viel lieber online einkaufen.

☐ Ihre Kondition lässt merklich nach, da die Bewegung an der frischen Luft fehlt.

☐ Sie fühlen sich nicht mehr in die Familie integriert, sondern eher als Außenseiter.

☐ Das Gefühl, von Freunden, Kollegen, und der Familie nicht mehr verstanden zu werden, bestätigt sich täglich.

☐ Sie kapseln sich mehr und mehr von Ihrem »alten Leben« ab.

Wer sich hier wiederfindet und einige dieser Symptome bei sich selbst entdeckt, sollte darüber nachdenken, ob er tatsächlich noch in der Lage ist, seine Onlinezeiten einzugrenzen bzw. für eine gewisse Zeit ganz auf das Medium zu verzichten.

Die American Psychological Association[6] hat analog zur Definition der krankhaften Spielsucht nach DSM-IV folgende 10 Kriterien für eine Beurteilung kreiert, ob jemand als onlinesüchtig zu bezeichnen ist oder nicht:

1. Das Internet beschäftigt mich; ich denke daran, auch wenn ich offline bin.
2. Ich brauche immer mehr Zeit im Internet, um zufrieden zu sein.
3. Ich bin unfähig, meinen Internet-Gebrauch zu kontrollieren.
4. Ich werde unruhig und reizbar, wenn ich versuche, meinen Internet-Konsum einzuschränken oder darauf zu verzichten.
5. Das Internet ist für mich ein Weg, um vor Problemen zu fliehen oder schlechtes Befinden (Hilflosigkeits- oder Schuldgefühle, Angst, Depression) zu bessern.
6. Ich lüge meiner Familie oder Freunden gegenüber, um das Ausmaß meiner Beschäftigung mit dem Internet zu verbergen.

7. Ich habe schon Arbeit, Ausbildungs- oder Karrieremöglichkeiten oder zwischenmenschliche Beziehungen wegen des Internets in Gefahr gebracht.
8. Ich ging ins Netz zurück, auch wenn ich exzessive Beträge für Gebühren zahlen musste.
9. Ich bekomme im Offline-Zustand Entzugserscheinungen.
10. Ich bleibe immer wieder länger online, als ich mir vorgenommen habe.

Positive Antworten für mindestens vier der Kriterien sollen auf Internet-Sucht schließen lassen.

Internet- und speziell Chat-Süchtige können nicht allein sein (vergleichbar mit dem steten Verbundensein durchs Handy als »Nabelschnur zur Mami«), befinden sich noch im Stadium des Kleinkindes, das stets in Blickkontakt mit der Mutter sein muss. Man könnte es als narzistische Störung bezeichnen. Psychotherapie kann diese Entwicklungs-Blockade evtl. auflösen oder/und zumindest bewusst machen.

Wie verändern sich Betroffene durch Onlinesucht?

Onlinesüchtige verändern sich merklich, indem sie sich nach und nach immer mehr vom realen Leben zurückziehen. Einladungen zu Geburtstagen und anderen Feiern und Festlichkeiten werden nicht mehr wahrgenommen und auch das Familienleben verliert rasant an Bedeutung.

Ähnlich wie bei einem Spielsüchtigen am Roulettetisch nehmen die Augen eines Onlinesüchtigen einen seltsamen Glanz an, in denen sich die Faszination der neuen, interessanten Welt wiederspiegelt. Sich zu lösen ist völlig unmöglich, wo man doch gerade den einen Klick noch vollenden muss, dem einen Link noch schnell nachgehen, und – husch – mal eben dem virtuellen Museum einen Besuch abstatten muss. Ganz zu schweigen von den E-Mails, die ein Onlinesüchtiger nicht etwa einmal am Tage abruft, sondern bei jeder sich bietenden Gelegenheit … Zeit und Raum werden völlig vergessen, der Onlinesüchtige ist in seinem Element.

Beziehungspartner im Leben eines Onlinesüchtigen fragen sich zu Recht, welche Bedeutung ihr Dasein für den Betroffenen noch hat. Der Süchtige jedenfalls hat anscheinend abgeschlossen mit seiner realen Welt, auch wenn er das lange nicht zugeben mag. Auffällig wird es, wenn Sie ihn als hilfloser Außenstehender auf seine offensichtliche Onlinesucht ansprechen und er diese recht ärgerlich und massiv abstreitet. Er selbst hat meist längst bemerkt, dass etwas mit ihm nicht stimmt, aber – wie bei anderen Suchtformen wohl auch – redet er sich heraus, entschuldigt sich auffällig mit fadenscheinigen Argumenten, wie zum Beispiel, dass er doch »nur eben seine E-Mails checkt« (vielleicht zum zwanzigsten Mal heute), wenn Sie ihn wieder mal ermahnen … Dass er für seine »kurze Erledigung der Post« oftmals fünf bis zehn Stunden benötigt, will er nicht hören. Auch aggressive Reaktionen von Betroffenen aufgrund der offenen Ansprache durch Partner oder Eltern sind nicht selten.

Der Onlinesüchtige kapselt sich schließlich von »realen« Freunden und Kollegen ab. Da sein Umfeld ihm und seinen Erzählungen aus der virtuellen Welt nicht mehr folgen kann (oder will), findet er seine verständnisvolle Gemeinschaft, seinen neuen Freundeskreis, im Internet. Letztendlich fühlt der Onlinesüchtige sich seiner »alten Umwelt« gegenüber überlegen und geradezu elitär. Was hat er schließlich alles erlebt, wovon die anderen (internetunerfahrenen und damit weltfremden) nicht einmal zu träumen wagen?

Onlinesüchtige fahren nicht mehr in Urlaub. Wenn es dennoch einmal sein muß, weil vielleicht der Lebenspartner darauf besteht, die Kinder quengeln, und der Gerichtsvollzieher noch nicht bis zum Existenzminimum gepfändet hat, dann ist das oberste Gebot, im Internet (wo sonst?) vorab zu checken, ob ausreichend Internet-Cafés vorhanden sind am Ort der Verbannung. Dies gilt auch für die richtige Wahl des Hotels, in dem unbedingt Internetanschluss im Zimmer vorhanden sein muss, falls der Onlinesüchtige ein Laptop besitzt. Seine »Verbindung zur Außenwelt« muss halt gewährleistet sein, und gute Vorbereitung ist eben alles.

Sollte es von Zeit zu Zeit noch reale Gespräche (offline) mit Freunden oder Kollegen geben, wird der Onlinesüchtige immer wieder auf Themen zurückkommen, die mit dem Internet, seinen Internet-Freunden und neuen Websites zu tun haben. Können ihm seine Gesprächspartner (mal wieder) nicht folgen, wird die anschließende Online-Sitzung ihn für das Unverständnis in der realen Welt entschädigen. Seine Internetfreunde senden ihm in der Regel ein verständnisvolles »LOL« (laughing out loud), wenn er ihnen von den kläglich gescheiterten Versuchen einer realen Konversation mit den Unwissenden erzählt (schreibt).

Onlinesucht ...

- birgt die Gefahr der Abkapselung zur realen Welt (Isolation),
- gefährdet die Partnerschaft/das Familienleben,
- lässt Ehen zerbrechen,
- lässt Kinder vernachlässigen,
- gefährdet den Arbeitsplatz,
- birgt massive gesundheitliche Probleme, (Haltungsschäden, Augen, Mager- oder Fresssucht, Depressionen

- bringt teilweise immer noch massive finanzielle Verluste mit sich.

Das sind nur einige wenige der zahlreichen Konsequenzen aus dem Leben eines Onlinesüchtigen. Wenngleich sich die oben genannten Punkte auch parallel auf andere Suchtformen übertragen lassen (Spielsucht, Alkoholsucht, Medikamentensucht), so betrifft die Onlinesucht zwangsläufig nur Internet-Nutzer und ist somit ein Thema, das unserer Gesellschaft noch relativ fremd erscheint.

In Kalifornien opferte ein Mann seine sämtlichen Einkünfte für Online-Dienste und verzichtete dafür sogar auf einen festen Wohnsitz. Nachdem der Obdachlose beim Diebstahl von Batterien verhaftet worden war, sagte er, online zu sein, wäre ihm wichtiger, als ein Dach über dem Kopf zu haben. Im World Wide Web hätte er endlich Freunde gefunden.

Dr. Kimberly Young, eine der führenden Expertinnen zum Thema Onlinesucht, teilt Onlinesucht in folgende Kategorien und in dieser Reihenfolge ein:

- Sex: (Pornographie, Erotik-Chats)
  Im Vordergrund steht der Konsum von Erotik und Sex im Internet in Form von Bildern, Videos, Erotik-Chats etc.
- Beziehungen: (Chats, Foren, Kontaktanzeigen, E-Mails, interaktive Spiele)
  Hier geht es in erster Linie um den unmittelbaren Aufbau von Beziehungen im Netz. Diese Beziehungen können nach und nach wichtiger werden als die Beziehungen im realen Leben
- Net Compulsion: (Auktionen im Internet, Spiele mit Geldeinsatz, exzessives Traden)
  Der User verbringt mehr und mehr Zeit, um über das Internet durch Geldspiele, Mitbieten bei Auktionen oder

durch das Handeln mit Wertpapieren Geldtransaktionen zu tätigen oder an diesen Aktivitäten passiv teilzunehmen (z. B. Aktienkurse verfolgen)

- Informations-Overkill: (Surfen, Programme und Musik herunterladen)
  Hier sammelt der User exzessiv Informationen oder lädt sich exzessiv Programme (z. B. Shareware oder Musik) herunter.

Welche Gründe gibt es für die Onlinesucht?

Die Gründe für die Onlinesucht liegen – wie bei jeder anderen Sucht auch – in der Suche nach etwas, das wir nicht haben, besitzen oder erreichen können.

Die Faszination des Neuen, die unbegrenzten Möglichkeiten, sich weltweit mit Menschen unterschiedlicher sozialer Schichten und Gruppierungen auszutauschen, Informationen einholen zu können, deren (scheinbarer) Notwendigkeit man sich bis dahin gar nicht bewusst war, ist der Beginn eines möglicherweise immer unkontrollierbarer werdenden Umgangs mit dem Medium Internet.

Die Mehrzahl der Onlinesüchtigen gibt an, dass vor allem der Kommunikationsbereich sie »abhängig« gemacht habe. Das Kennenlernen interessanter Menschen, mit denen außergewöhnlich vertraut und offen »gesprochen« werden kann, hat in der Tat einen besonderen Reiz. Wer kennt sie nicht, die tiefe Sehnsucht in uns, die danach schreit, erfüllt zu werden? In einem Chat, einem Dialog ist – zum großen Teil auch anonym – das Artikulieren der eigenen Wünsche und Träume wesentlich einfacher als im Bistro nebenan oder gar im engsten Familienkreis. Keine Scham, keine Angst vor Ablehnung, keine Äußerlichkeiten stehen im Weg, so dass in der vertrauten heimischen Umgebung oftmals Sätze in den Computer getippt werden, die beim Schreiber selbst manches Mal ein Kopfschütteln verursachen, wenn er anschließend den Chatlog (Protokoll/Aufzeichnung) seines Gespräches ausdruckt und noch einmal nachvollzieht.

Im Chat findet jeder Gleichgesinnte, und es ist schier unmöglich, für ein Problem, das einen gerade zutiefst beschäftigt, nicht jemanden zu finden, der nicht ein offenes Ohr und Zeit für ihn hat. Eine Tatsache, die in unserer heutigen Zeit in der Realität nicht mehr selbstverständlich ist, nicht wahr?

Aber es ist noch etwas anderes, das die Kommunikation via Internet zu etwas ganz Besonderem werden lässt. Ich nenne es oft die »innere Einsamkeit«, die wir bei unserem Gegenüber im Netz in einem intensiven Gespräch spüren und die uns ermutigt, über die eigenen tiefsten Empfindungen zu sprechen. Sie ist etwas, über das wir nicht gerne reden mit unseren Mitmenschen. Es sind nicht nur die Träume und Phantasien, die uns die unglaubliche Nähe zu einem unsichtbaren Menschen aufbauen lassen, dessen Identität wir oftmals nicht einmal kennen. Es ist etwas Verborgenes in uns, das vielleicht nur den Menschen bewusst ist, die sich selbst sehr gut kennen und sich selbst sehr nah sind. Ob wir in einer Beziehung leben oder allein, ist dabei unerheblich. Denn sie ist immer da: die Gewissheit, dass wir im Grunde alle allein sind und uns nur nach einem sehnen, Liebe und Anerkennung! Uneingeschränkt, offen, hemmungslos!

Der Teufelskreis der Onlinesucht beginnt, indem die Betroffenen in ihrer realen Welt nicht mehr über ihre Wünsche, Träume, Sehnsüchte und Phantasien sprechen können. Das soziale Umfeld bricht durch das »scheinbare« Verständnis, die »scheinbare« Anerkennung, die ein Abhängiger im Internet findet, schließlich endgültig zusammen; der Onlinesüchtige wendet sich ab und baut sich seine eigene Welt, seine neue Familie, im Internet auf. Hier findet er (scheinbar) einen adäquaten Ersatz.

Welche Personen sind besonders betroffen?

Wir wissen, dass labile Menschen von Hause aus im Allgemeinen suchtgefährdeter sind als diejenigen, die ein gesundes Selbstwertgefühl haben und mit beiden Beinen im Leben stehen. Je stabiler die soziale, berufliche und gesellschaftliche Einbindung eines Menschen ist, desto geringer ist die Gefahr, einer Sucht zu verfallen.

Dennoch erwischt die Onlinesucht auch diejenigen, die sich selbst bis dato als absolute Realisten bezeichnen würden. Niemand käme wohl auf die Idee, Ärzte, Rechtsanwälte oder auch Richter, um nur einige Beispiele von Berufsgruppen zu nennen, als Traumtänzer einzuordnen, doch auch unter ihnen gibt es zahlreiche Onlinesüchtige. Sie selbst sagen, dass sie sich niemals als »gefährdet« gesehen hätten und gaben auch zu, dass sie über Onlinesucht bis zu ihrer eigenen Betroffenheit geschmunzelt hatten. Frei nach dem Motto: »Das könnte mir nie passieren« sah die Welt nach einigen Monaten intensiven Chattens für sie jedoch plötzlich völlig anders aus. Ich habe mich oft gefragt, warum gerade diese angesehenen Berufe so häufig unter den Betroffenen zu finden sind. Vielleicht könnte eine Antwort darauf sein, dass diese Personen sich im realen Leben kaum erlauben können, über ihre wahren Wünsche und Sehnsüchte zu sprechen, geschweige denn, sie auszuleben. Es steht ihnen gesellschaftlich nicht zu, denn sie haben eine Vorbildfunktion. Wie verlockend muß es dann sein, im Internet über lange brachliegende Sehnsüchte sprechen zu können, Mensch sein zu dürfen.

Onlinesüchtige finden sich in beiden Geschlechtern, allen Altersgruppen, sämtlichen Berufsgruppen und in allen sozialen Schichten.

>> Auch ich habe diese Erfahrungen gemacht, auch ich muss mich vorsehen, den emotionalen Schönheiten und Fallen des Chats nicht zu verfallen und meide ihn deshalb jetzt weitgehend. Ich will mich jetzt bewusst alten Freunden und der Familie wieder mehr zuwenden, ja, sogar mein Hund ist mir ein Trost. Schlimm ist, dass der Chat oft so viel unmittelbares Gefühl anbietet (ich rede nicht von Cyber-Sex, sondern von Sympathie), das wirkliche Leben aber so gefühlsarm ist. Die Interviews mit Gabriele Farke und Eure zahlreichen Beiträge hier haben mir dafür die Augen geöffnet. Ich muss gestehen, dass der Chat mein Gesprächsverhalten irL[7] beeinflusst und geändert hat – zu mehr Offenheit. Was Missverständnisse im Chat betrifft: Vorsicht mit allem, was nur durch den Ton, in dem man es sagt, richtig verstanden werden kann – Ironie, witzige Provokation usw. Im Grunde ist der Chat eine sehr armselige Kommunikationsform, weil Stimmton und Gesichtsmimik fehlen.

Dieses Forum hier hat mir in der Tat geholfen, meine Verfassung besser und kritischer zu sehen und zum Chat auf Distanz zu gehen. Ich bin Schriftsteller (Drehbuch u. a.), und gerade diese Schreibgewandtheit hat den Chat für mich auch zu einem Ort des Erfolgs werden lassen – auf Deutsch gesagt, ich konnte mich vor Chat-Interessierten kaum retten. Letztlich aber hat er mich aus meiner Realität abgesogen, und das nehme ich ihm übel. Ob es Sucht war oder nicht – in diese Diskussion mag ich mich mangels Fachkenntnis nicht einklinken. Es war jedenfalls ein starkes Gefühl, nicht mehr Herr meiner Zeit und meiner Entscheidungen zu sein, ein Gefühl schleichender Entmündigung – und diesem Prozess gegenzusteuern, kann nur gut sein.

Wenn ich jetzt den kindlichen Optimismus sehe, mit dem unser Bundeskanzler das Internet in alle Schulen und Kindergärten bringen will…

Vielleicht wird es sich eines Tages als notwendig erweisen, die Anonymisierung von Internet-Teilnehmern gesetzlich zu verbieten oder jedem Internetteilnehmer eine PIN[8] zuzuordnen, damit er immer individualisiert werden kann!?

Symptome der Onlinesucht

Folgende Warnzeichen weisen auf eine Internet-Sucht hin:

☐ Häufiges unüberwindbares Verlangen, sich ins Netz einzuloggen.

☐ Verlust der Kontrolle über die Internet-Nutzung; damit sind meist Schuldgefühle verbunden.

☐ Sozial störende Auffälligkeiten im engsten Kreis der Bezugspersonen.

☐ Verheimlichung der Nutzungsgewohnheiten

☐ Weniger als fünf Stunden Schlaf, um mehr online sein zu können.

☐ Vergeblicher Versuch, die Aktivitäten im Netz zu reduzieren.

☐ Nervosität, Reizbarkeit oder Depressionen als Entzugserscheinungen.

Surf- oder Onlinesucht kann behandelt werden. Die Behandlung muss individuell auf den Patienten abgestimmt werden. Meist hilft eine Kombination aus Psychotherapie und Medikamenten (v. a. Antidepressiva).

Verschiedene Stadien der Onlinesucht

Oft wurde ich nach einem »Fragebogen« gefragt, mit dessen Hilfe der Einzelne vielleicht eruieren kann, ob er betroffen ist oder nicht. Generell halte ich nicht viel von solchen Fragebögen für Betroffene, denn eigentlich wissen sie selbst sehr wohl, dass sie ihren Umgang mit dem Internet ändern müssen und ein Fragebogen kann allenfalls ein erster Denkanstoß sein. Dennoch helfen vielleicht einige Kriterien, sich der Thematik ernsthaft zu stellen und sein Verhalten zu überdenken. Am Sinnvollsten erscheint mir daher die Checkliste aus der österreichischen Studie von Zimmerl und Panosch[9] zu sein.

Zimmerl und Panosch empfehlen folgende diagnostische Kriterien. Füllen Sie die Checkliste aus und machen Sie für jede zutreffende Antwort ein Kreuz in das zuständige Kästchen!

☐ häufiger, unwiderstehlicher Drang, ins Internet einzuloggen.

☐ Kontrollverluste (= länger als intendiert online verweilen), einhergehend mit Schuldgefühlen.

☐ negative soziale Auffälligkeit im engsten Umkreis.

☐ nachlassende Arbeitsfähigkeit.

☐ Verheimlichung des Ausmaßes der Online-Zeiten.

☐ Psychische Irritabilität bei Verhinderung online zu sein.

☐ mehrfache vergebliche Versuche der Einschränkung.

Zimmerl und Panosch unterteilen in drei Stadien. Überprüfen Sie nun die Antworten anhand der drei Stadien:

☐ Das Gefährdungsstadium
   Dieses ist gegeben, wenn 3 der oben beschriebenen Kriterien über 6 Monate vorhanden sind.

☐ Das kritische Stadium
  Hier müssen es bereits 4 Kriterien über einen Zeitraum
  von 4 Monaten sein.
☐ Das chronische Stadium
  Dies ist gegeben, wenn das kritische Stadium mit den 4
  Kriterien überstiegen wird und bereits Folgeschäden
  auftreten, z.b. Jobverlust, Trennung von Partnern, Ab-
  kapselung von der Familie, Verschuldung oder physische
  Schäden, z.B. der Augen oder der Wirbelsäule.

Kommt es zu einem chronischen Stadium, dann sind körperliche Schäden oftmals die Folge:

● Durch falsche Sitzhaltung können Verspannungen bis
  hin zu Wirbelsäulen- und Genickschäden auftreten.
● Das lange, ununterbrochene Starren auf den Bildschirm
  kann auf Dauer zu Schädigungen des Sehapparates
  führen.
● Langes Surfen kann zusätzlich Dauerstress verursachen,
  der sich in Form von Kopfschmerzen, Schlafstörungen
  bis hin zu Nervenschädigungen ausprägen kann.
● Kreislauf- und Gewichtsprobleme können ebenfalls auftreten, sind aber individuell verschieden.

Eine ehemals Betroffene beschreibt ihre Onlinesucht folgendermaßen:

Es ist, als hättest Du ein zweites Ich

Das eine Ich, das da chattet und sich in wildester
Manie mit unsichtbaren Wesen am Rechner unter-
hält, ihnen Dinge anvertraut, von denen du vorher
selbst nichts wusstest. In dir erwacht eine Erotik und eine
Sehnsucht, der du dir vor deiner Onlinesucht niemals bewusst warst. Es ist, als sei deine Phantasie erwacht, deine

Träume werden lebendig, nehmen Gestalt an, und du findest in deinem Gegenüber das Wunschbild deines Lebens.

Dieses eine Ich überdeckt den Verstand, stürzt sich hinein mit Haut und Haar in ein Abenteuer. Du riskierst und unternimmst alles, um den Traum wahr werden zu lassen, und dazu gehört, dass der Verstand nicht im Wege ist. Du triffst dich mit Menschen, die dich jederzeit hätten in eine Falle locken können, du planst ganze Wochenenden mit ihnen, mit einem Unbekannten, der doch so (scheinbar) bekannt geworden ist.

Wagst du es tatsächlich, irgendeinem deiner realen Freunde (falls du noch welche hast) davon zu erzählen, wirst du ermahnt und auf dieses Risiko aufmerksam gemacht. Du hörst es nicht, du weißt es besser. Die Traumwelt hat dich in ihrem Bann. In Traumwelten gibt es nichts Reales, schon gar nicht Gedanken an Böses. Das andere Ich, das dich in den kurzen Momenten, in denen du dich wieder in der Realität befindest, fragt:

Was tust du da?

Warum vernachlässigst du deine Kinder?

Warum ist dein Mann dir nicht mehr wichtig?

Warum gehst du nicht mehr tanzen oder triffst dich mit deinen Freunden?

Warum leidest du und ... warum kannst du auf dieses Internet und die Menschen darin nicht verzichten?

Dieses Ich steht dem neuen Ich hintenan. Es mag das neue Ich, das verträumte – das Ich aus der anderen Welt – viel lieber als das reale. Du denkst, du seist doch gestern noch ganz »normal« gewesen, weißt aber im gleichen Augenblick, dass du das immer noch bist, aber dass du dennoch nicht auf deine neue Welt verzichten willst und kannst.

Deine reale Umwelt reagiert negativ auf dein neues Leben. Das erhöht die Mauer, denn sie verstehen dich einfach nicht. Trost, Zuspruch und Zuwendung findest du im Internet, in deiner neuen Welt!

Eine »Ehemalige«,
die inzwischen Traumwelt und reale Welt wieder zu
unterscheiden lernte.

Ist mein Kind onlinesüchtig?

Ich habe seit etwa einem halben Jahr einen Internetanschluss.
Ich bin mir nicht ganz sicher, aber ich glaube, ich bin
internetsüchtig. Ich gehe, wenn ich aus der Schule komme
sofort online, noch vor dem Essen, und erst um drei Uhr
nachts offline.

Ich habe mir schon viel Ärger mit den Rechnungen ein-
gehandelt und musste jetzt sogar einen kleinen Nebenjob
annehmen, um die Rechnungen zu bezahlen. Oft schwänze
ich die Schule, oder erscheine nicht bei der Arbeit, weil ich
online bin. Meine Eltern nehmen mir regelmäßig mein
ISDN-Kabel weg, aber ich finde es dann doch irgendwo,
wenn ich lange genug suche, oder mache einen so großen
Aufstand, dass meine Eltern es mir doch wieder geben. Ich weiß nicht mehr weiter, aber ich liebe es
einfach zu surfen und zu chatten. Wer kann mir weiterhelfen?

Oft fragen sich Eltern, ob ihre Kinder onlinesüchtig sind,
wenn ihnen der geheimnisvolle und exzessive Gebrauch ihrer Sprösslinge Sorgen macht. Diese wiederum streiten jegliche Abhängigkeit vehement ab, und Eltern haben oft
keine Chance, Lüge und Wahrheit voneinander zu unterscheiden.

Es wurde daher für Eltern ein Fragebogen entwickelt,
anhand dessen ein erster Anhaltspunkt zu finden ist, ob die

33

Sorge begründet ist. Da viele Eltern selbst nicht online sind, macht es Sinn, diesen Fragebogen hier abzudrucken. Bei der Beantwortung der Fragen sollten nur die Zeiten berücksichtigt werden, die das Kind/ der Jugendliche für *außerschulische* Internet-Aktivitäten aufwendet.

Beantworten Sie die folgenden Fragen mit dieser Punkte-Skala:*

trifft nicht oder kaum zu	1 Punkt
manchmal	2 Punkte
häufig	3 Punkte
sehr oft	4 Punkte
immer	5 Punkte

Kreuzen Sie bei jeder Frage nur eine Alternative an und tragen Sie den jeweiligen Punktwert ein, den Sie zur Auswertung dann mit den anderen addieren müssen!

1. Wie oft missachtet Ihr Kind von Ihnen vorgegebene Zeitlimits bezüglich Onlinezeit?

   ☐ trifft nicht oder kaum zu   ☐ sehr oft
   ☐ manchmal   ☐ immer
   ☐ häufig   _____

*) Dieser Test ist eine Adaptation des »Parent-Child Internet Addiction Test« des »Center for Online and Internet Addiction – Help and Resource for Internet Addicts«, Healthcare Professionals and Corporations dealing with Internet abuse. Child Protection on the Internet, www.http://netaddiction.com/resources/parents_test.htm.
Übersetzung: Benjamin Stangl, http://www.stangl-taller.at/ARBEITSBLAETTER/SUCHT/InternetsuchtTest.shtml

2. Wie oft vernachlässigt Ihr Kind Arbeiten im Haushalt, um mehr Zeit online verbringen zu können?

☐ trifft nicht oder kaum zu   ☐ sehr oft
☐ manchmal   ☐ immer
☐ häufig   _____

3. Wie oft verbringt Ihr Kind die Zeit lieber online als mit dem Rest der Familie?

☐ trifft nicht oder kaum zu   ☐ sehr oft
☐ manchmal   ☐ immer
☐ häufig   _____

4. Wie oft knüpft Ihr Kind Freundschaften über das Internet mit anderen Internetbenutzern?

☐ trifft nicht oder kaum zu   ☐ sehr oft
☐ manchmal   ☐ immer
☐ häufig   _____

5. Wie oft beschweren Sie sich darüber, dass Ihr Kind so viel Zeit online verbringt?

☐ trifft nicht oder kaum zu   ☐ sehr oft
☐ manchmal   ☐ immer
☐ häufig   _____

6. Wie oft wirken sich die Internetaktivitäten auf die Schulnoten aus?

☐ trifft nicht oder kaum zu   ☐ sehr oft
☐ manchmal   ☐ immer
☐ häufig   _____

7. Wie oft schaut sich Ihr Kind die E-Mails an, bevor es etwas anderes tut?

☐ trifft nicht oder kaum zu   ☐ sehr oft
☐ manchmal   ☐ immer
☐ häufig   _____

8. Wie oft kommt Ihnen Ihr Kind zurückgezogen oder verschlossen vor, seit es das Internet entdeckt hat?

☐ trifft nicht oder kaum zu   ☐ sehr oft
☐ manchmal   ☐ immer
☐ häufig   _____

9. Wie oft reagiert Ihr Kind zurückhaltend oder verschlossen, wenn Sie es darauf ansprechen, was es im Internet tut?

☐ trifft nicht oder kaum zu   ☐ sehr oft
☐ manchmal   ☐ immer
☐ häufig   _____

10. Wie oft haben Sie Ihr Kind bereits unerlaubt beim Benutzen des Internets erwischt?

☐ trifft nicht oder kaum zu   ☐ sehr oft
☐ manchmal   ☐ immer
☐ häufig   _____

11. Wie oft verbringt Ihr Kind Zeit alleine in seinem Zimmer, um mit dem Computer zu spielen?

☐ trifft nicht oder kaum zu   ☐ sehr oft
☐ manchmal   ☐ immer
☐ häufig   _____

12. Wie oft bekommt Ihr Sohn/Ihre Tochter merkwürdige Telefonanrufe von neuen Internetfreunden?

☐ trifft nicht oder kaum zu ☐ sehr oft
☐ manchmal ☐ immer
☐ häufig _____

13. Wie oft reagiert Ihr Kind verärgert, wenn es im Internet gestört wird?

☐ trifft nicht oder kaum zu ☐ sehr oft
☐ manchmal ☐ immer
☐ häufig _____

14. Wie oft ist Ihr Kind, nachdem es im Internet war, müder oder erschöpfter als früher?

☐ trifft nicht oder kaum zu ☐ sehr oft
☐ manchmal ☐ immer
☐ häufig _____

15. Wie oft bemerken Sie, dass Ihr Kind noch in Gedanken versunken ist, nachdem es im Internet war?

☐ trifft nicht oder kaum zu ☐ sehr oft
☐ manchmal ☐ immer
☐ häufig _____

16. Wie oft gibt es mit Ihrem Kind Auseinandersetzungen über das Ausmaß der Online-Zeit?

☐ trifft nicht oder kaum zu ☐ sehr oft
☐ manchmal ☐ immer
☐ häufig _____

17. Wie oft verbringt Ihr Kind mehr Zeit online als mit Hobbys und/oder anderen Aktivitäten?

☐ trifft nicht oder kaum zu ☐ sehr oft
☐ manchmal ☐ immer
☐ häufig _____

18. Wie oft reagiert Ihr Kind verärgert darüber, wenn Sie ihm Vorschriften machen, wie lange es online sein darf?

☐ trifft nicht oder kaum zu ☐ sehr oft
☐ manchmal ☐ immer
☐ häufig _____

19. Wie oft ist Ihr Kind lieber online als mit Freuden zusammen zu sein?

☐ trifft nicht oder kaum zu ☐ sehr oft
☐ manchmal ☐ immer
☐ häufig _____

20. Wie oft bessert sich die Stimmung ihres Kindes, wenn es wieder online gehen kann?

☐ trifft nicht oder kaum zu ☐ sehr oft
☐ manchmal ☐ immer
☐ häufig _____

Ergebnis: _____ Punkte

20 – 49 Punkte
Ihr Kind ist ein gewöhnlicher (normaler) Internetanwender. Es verbringt vielleicht zwar ein bisschen zu viel Zeit im Internet, hat jedoch Kontrolle über seinen Gebrauch.

50 – 79 Punkte

Ihr Kind erlebt hin und wieder heftige Probleme aufgrund der Internetnutzung. Sie sollten den nicht unerheblichen Einfluss des Internets auf das Leben des Kindes wahrnehmen und auch, wie es das Leben in der Familie beeinflusst.

80 – 100 Punkte

Die Internet-Nutzung bringt signifikante Probleme im Leben Ihres Kindes und höchst wahrscheinlich auch in der Familie mit sich. Sie sollten diese Probleme dringend ansprechen.

Bitte beachten Sie: Dieser kleine Fragebogen ist kein überprüftes psychologisches Testverfahren, sondern kann nur grobe Hinweise geben, ob Sie vielleicht den Rat eines Experten einholen sollten!

Was mir fehlt? Auto, Job, Geld, Wohnung und eventuell Bezugspersonen im Reallife, die mich verstehen können/müssen/wollen und mir nicht ständig Vorwürfe machen, die mir persönlich einfach nichts bringen.
Würden diese Aspekte nicht fehlen, könnte ich mir einfach kein besseres Leben für mich vorstellen als im Internet! Warum auch? Ich habe das Internet und weiß es zu nutzen!

Ein Jugendlicher, fünfzehn Jahre alt, ging noch weiter, indem er ernsthaft behauptete, im Internet seien wertvollere Menschen zu finden als im realen Leben. Aussagen wie »Das Netz kann mir mehr bieten als das reale Leben« oder »Man lernt die Leute im Netz viel besser kennen« bis hin zu »Im Netz werde ich einfach so akzeptiert wie ich bin« sind bei an der Tagesordnung.
Es ist schwer, an Betroffene mit diesem Stolz auf ihre

(durchaus erkannte) Onlinesucht heran zu kommen. Trotzdem habe ich ihnen geantwortet, in der Hoffnung, damit einen Denkanstoß zu geben:

> Habt Ihr mal überlegt, wieso ihr glaubt, dass die
> »Elite« der Menschen, die noch die wahren Werte
> besitzen und nicht zu den »Verlogenen, habgierigen
> Geiern« zählen, scheinbar ausgerechnet im Internet zu fin-
> den sein soll?

Es gab mal eine Zeit, in der ich glaubte, nur die Raucher
seien kommunikationsfähig und bessere Menschen. Kiffer
glauben, dass jeder andere Kiffer der beste Kumpel und
wertvoller als andere Menschen ist. Alkoholiker schließen
einen unausgesprochenen Pakt und denken, daß nur die
anderen Trinker wertvolle Menschen sind. Hundehalter
glauben, dass die, die keine Hunde lieben, lieblose und damit nicht so wertvolle Menschen sind. So könnte es hier un-
endlich fortgesetzt werden. Was ich damit sagen will? Es ist
eure derzeitige Situation, in der ihr glaubt und euch vor-
macht, dass die reale Gesellschaft schlechter ist als die Internetgemeinde. Und nur aus dem Grunde, weil ihr einer
von ihnen seid. Wer bitte sollte die Internetgemeinde denn
sein, wenn nicht reale Menschen?

Ergo: Es kann doch vielleicht auch ein bisschen an euch
liegen, dass ihr im realen Leben den Menschen anscheinend nicht begegnet, die hier so cool drauf sind und ganz
andere Werte haben, als die da draußen. Mensch, macht es
euch bewusst: Die Menschen hier sind die gleichen wie die,
denen ihr täglich auf der Straße begegnet – im realen Leben! Wenn sie ihren Rechner ausmachen, sind sie ebenso
verlogene, habgierige Geldgeier (um es mit deinen Worten
zu sagen) wie der Nachbar von nebenan.

Mal ehrlich: Ist dein Leben im Internet denn alles, was du
dir so für dich erträumt hast? Gibt es keinerlei Sehnsucht
in dir, mal von einem realen Menschen umarmt zu werden?

Lockt dich nicht der Gedanke, mal real im Biergarten zu sitzen und mit Freunden zu quatschen, statt sich hier online ein Y als Sektglas oder ein (–) als Bierkrug zuzuschicken? Gibt es kein Verlangen in dir, einen gescheiten Beruf zu erlernen und real deinen Mann zu stehen? Hast du keine Gedanken in Richtung Liebe, Freundschaft, Gründung einer Familie oder nach realem Sex?

Letztlich ist jeder Mensch selbst für sein Leben und was er daraus macht verantwortlich. Es täte mir für dich nur sehr leid, wenn du es nie gelebt haben würdest und eigentlich nur in deiner Traumwelt existent gewesen wärst. Denk doch einmal weiter: Würde das Gros der Gesellschaft so denken, dass alles ach so wunderbar ist im Internet, es einem an nichts wirklich fehlt, könnten wir dann auf Menschlichkeit und Moral nicht völlig verzichten? Sollten wir dann nicht generell Retortenbabys, geklonte Menschen »herstellen«, die eigens als Tipp-Partner für das Internet geschaffen werden?

Ich hoffe, dass du eines Tages aufwachst und beginnst zu leben. Glaube mir, du verpasst eine ganze Menge!

Bekenntnisse

Es ist schlimm, süchtig zu sein

Ja, es ist schlimm, süchtig zu sein!

Ich suche ständig Hilfe, im realen Leben und in dieser virtuellen Welt. Doch mir ist klar geworden, hier im Internet kann ich keine Hilfe finden … das verbindet mich nur noch mehr mit dieser virtuellen Person. Aber real?! Dort gibt es keine Menschen, die mehr helfen wollen. Ich bitte meinen

Vater, mir das Netz abzuschalten. Er tut es nicht! Ich bitte meine Freundinnen um Hilfe! Sie tun nichts, sie sind selber fast süchtig.

Viele Menschen sind süchtig und viele wollen es nicht wahrhaben. Aber einige haben es endlich erkannt und kriegen keine Hilfe. Wieso?

Bei mir gibt es keine SHG (Selbsthilfegruppe) oder so! Ich muss ganz alleine damit fertig werden. Ich schreibe mir jeden Abend auf, was ich machen will … und trotzdem, mindestens 2 Teile schaffe ich nicht, weil ich doch lieber als erstes ins Internet gehe.

Ich vernachlässige meine sämtlichen Aufgaben. Wieso ist es eigentlich so schwer? Wieso bekomme ich keine Hilfe? Jeden Abend bin ich total sauer auf mich, weil ich schon wieder zu lange im Netz war, und wenn ich mir schwöre, früher »off« zu gehen, dann bin ich trotzdem viel später off-line! Und mein Computer bleibt mittlerweile sogar schon mal an, damit ich gleich weiter chatten kann …

Aber letzten Sommer war ich einen Monat im Urlaub und das hat mir gut getan, bis zu den nächsten Ferien … Ich war wieder online und das nicht gerade wenig. Später ging es wieder, es war Stress in der Schule und, und, und. Jetzt aber, in den Winterferien, geht es schon wieder los. Ich bin 10 Stunden am Tag online…und niemand will mir helfen – aus dem realen Leben!!!

Ich will aufhören!

Liebe Leser,
ich denke, dass es für mich und eventuell auch für andere hilfreich sein kann, wenn ich meine »Internet-Karriere« hier kurz erläutere. Ich bin 39 Jahre alt und lebe seit ca. 3 Jahren allein.

Seit drei Jahren bin ich schon online. Ich fand Chaträume etc. anfangs nicht interessant und konnte mir gar nicht vorstellen, was man daran gut findet. Vor ca. einem Jahr bin ich in einen Chatraum geraten, wo ich einige nette Leute traf. Ich bekam positives Feedback. Jedes Mal, wenn ich mich neu in diesen Raum einloggte, wurde ich sehr freundlich begrüßt. Das hat mir geschmeichelt und ich schaute immer öfter in diesen Raum hinein. Meine Telefonkosten stiegen auf 200–300 Euro im Monat. Anfangs ging ich nur abends in den Chat, aber schließlich kam es immer häufiger vor, dass ich (ich arbeite zu Hause) schon um 11.00 Uhr in den Chat ging. Zweifellos lernte ich dort nette Menschen kennen. Fast immer und zu jeder Tageszeit fand ich einen netten Ansprechpartner.

Ich habe einen sehr verantwortungsvollen Beruf, große Verantwortung über andere Menschenleben und muss häufig schicksalhafte Entscheidungen über das Leben anderer treffen. Diesen Beruf übe ich noch nicht so lange aus und fühle mich teilweise mit der Verantwortung überfordert. Hinzu kommen private Probleme.

Immer mehr merkte ich, dass ich das Internet als Verdrängungsmaschine benutzte. Kaum bin ich in irgend einem Chatraum, verschwinden meine Probleme in den Hintergrund. Ich muss sagen, das klappt wunderbar. Und so beginnt dann ein Teufelskreis. Die Probleme werden immer größer, weil ich mich immer weniger um meine Arbeit kümmere, deswegen aber auch einen immer größeren Drang verspüre, meine Schuldgefühle in den Chaträumen zu ertränken.

Das Schlimme ist, dass ich schon lange weiß, nach welchen Muster ich verfahre und trotzdem komme ich nicht los von dem Computer. Ich startete Versuche, indem ich die Onlinesoftware löschte. Keine zwei, drei Stunden später hatte ich sie wieder installiert. Na klar, nur um Mails abzurufen. So überlistete ich mich ein um das andere mal im negativen Sinne.

Meine sozialen Kontakte ließen immer mehr nach. Ich

ging gar nicht mehr ans Telefon. Ich erschien nicht zu Verabredungen. Logisch, dass nach und nach kaum noch Leute bei mir anriefen. Ich dachte immer, dass ich das Problem irgendwann in den Griff bekomme. Ich habe es aber bis heute nicht geschafft.

Nun werde ich nun zu einer Methode greifen, von der ich immer hoffte, dass sie nicht nötig ist. Ich werde mein Modem abgeben. Eine gute Freundin verwahrt es für mich auf, und sie gibt es mir zum Wochenende dann wieder. Es ist ein Versuch. Alles andere hat bisher nicht gefruchtet. Wenn ich die Möglichkeit habe, online zu gehen, dann bin ich immer online gegangen – obwohl ich es nicht wollte.

Mich würde interessieren, wie andere von diesem ständigem Drang, online zu sein, losgekommen sind. Welche Methoden waren erfolgreich??? Leute, wünscht mir Glück. Ab Montag beginnt meine erste Woche ohne Internet. Ich bin sehr gespannt, wie ich damit zurecht komme. Ich freue mich aber auch schon auf die viele, viele Zeit, die ich dadurch gewinne, die ich für mich und reale Dinge verwenden kann und die schon so lange anliegen.

Zuwendung = Onlinesucht.

Bei den meisten Beiträgen hier lese ich immer die Einsamkeit als Hauptgrund für Onlinesucht heraus. Ich für meinen Teil kann nur sagen: ALLE Süchte entstehen aus Einsamkeit.

Bei mir war es nicht anders. Zu Anfang trieb es mich in eine Angststörung, die zum Teil heute noch vorhanden ist. Dann suchte ich mir den Alkohol, um meine Einsamkeit in den Griff zu bekommen. Man muss sich das mal vorstellen, ich habe so dermaßen gesoffen, dass ich heute – wenn ich so weiter gemacht hätte – nicht mehr hier wäre. Es folgte noch die Zeit, in der ich hirnlos meine Kohle verzockte und nun ist es wahrscheinlich diese sagenhafte Onlinesucht. Ich muss schon ziemlich einsam sein.

Am Wochenende bin ich fast pausenlos im Netz. Auch morgens bevor ich zur Arbeit gehe, bin ich drin, auch wenn ich nichts Großartiges mache. Und ebenfalls abends. Das Leben ist scheiße – jedenfalls so.

Warum ich süchtig geworden bin

Ja, auch ich muss mich wohl als süchtig bezeichnen und hoffe mit dem heutigen Tag meinen Entzug erfolgreich zu beginnen. Ich bin seit Oktober im Netz und habe in sehr kurzer Zeit sehr viele Höhen und Tiefen im Netz erlebt. Ich habe im Dezember letzten Jahres eine Frau im Netz kennen gelernt, mit der ich all' meine Träume ausleben konnte, einen Menschen, dem ich alles erzählen konnte, der mir zuhörte und der genauso zu sein schien, wie ich. Ich erlebte irgendwann eine sehr bittere Enttäuschung, war sehr verletzt und hatte, wie sollte es anders sein, während der ganzen Zeit einen »weiblichen Online-Freund« an meiner Seite.

Auch sie hatte eine Onlinebeziehung und wir tauschten im Netz unsere Erfahrungen aus. Unsere Beziehungen zu Hause schienen bei all dem überhaupt keine Rolle mehr zu spielen. Sogar meine Firma habe ich vernachlässigt und meine Kinder, die ich über alles liebe und für die ich bis dahin immer ein guter Vater war, habe ich kaum mehr gesehen.

Als meine Onlineliebe nach der erwähnten Enttäuschung zu Ende ging und ich am Boden war, stand mir meine »Freundin« bei. Sie war wieder einmal mehr für mich da. Und kurz darauf sollte es so sein, dass ich sie kennen lernen würde. Persönlich. Und in diesem Moment hat es dann Zooom gemacht. Ich war schon wieder verliebt. Aber nun real. Wir chatteten zwar auch, aber das war nur ein weiteres Mittel. Meist telefonierten wir stundenlang. Was ich damit sagen will ist: Ich denke, nicht das Internet macht Beziehungen kaputt! Es macht es nur leichter zu flüchten, ohne verbindlich zu sein. »Kaputt« sind aus meiner Sicht die meisten Beziehungen und »einsamen Leben« schon vorher, oder wenigstens stark angeknackst. Und aus dem Grunde sind die Herzen auch frei, frei fürs Verliebtsein!

Auch die zweite Liebe scheint nun zu Ende zu sein, weil wir uns doch für unsere realen Partner entschieden haben. Aber was ist, wenn diese Sehnsucht nicht weggeht und wenn man das Gefühl nicht los wird, sich schon viel zu weit entfernt zu haben von seiner Frau. Tja, da müssen wohl Eheberater und Psychologen herhalten. Ich bin rückfällig geworden, weil ich auf der Suche nach ihr war (nach der zweiten Liebe), doch da ich seit heute weiß, dass sie nicht mehr im Netz sein kann und darf, habe ich mit dem heutigen Tag entschieden, nicht mehr dorthin zu gehen, wo ich sie kennen gelernt habe, nicht mehr zu chatten und das Internet nur noch dazu zu nutzen, wozu es gedacht ist, als Informationsquelle und Erfahrungsaustausch, nicht als Ersatzbefriedigung für ein nicht erfülltes Leben. Ich habe vieles verloren durch das Netz, aber vielleicht habe ich auch etwas gewonnen.

II. Mein eigener Weg in die und aus der Sucht

Ja, auch ich, die Autorin dieses Buches, war onlinesüchtig. Zweieinhalb Jahre hatte ich mich seinerzeit aus der Realität verabschiedet und habe damals wohl so ziemlich alles verloren, was man überhaupt verlieren kann: die Beziehung zu meiner Tochter, meine Freunde, meinen Arbeitsplatz, jegliche Ersparnisse – und nicht zuletzt: die Achtung vor mir selbst.

Heute liegt meine Abhängigkeit bereits vier Jahre zurück, und bis auf den einen oder anderen sehr kurzfristigen Rückfall glaube ich, »es« kapiert zu haben, warum und wie das damals geschah. Seitdem beschäftige ich mich mit dem Thema Onlinesucht und versuche zu helfen, so gut es eben geht. Manchmal reicht ja einfach schon ein offenes Ohr, aber es gilt eben auch, eine Öffentlichkeit zu finden für dieses Thema, so dass eines Tages für die Betroffenen und deren Angehörige weltweit ausreichend Hilfsangebote vorhanden sein werden. Ich habe nicht den Eindruck, dass Onlinesucht ein »vorübergehendes Thema« ist, eine Zeiterscheinung, die irgendwann einmal von ganz allein verschwindet, sondern es wird immer wieder neue Betroffene geben, die unerfahren und vielleicht auch ein bisschen naiv in die Onlinesucht hineingleiten. Ich kenne inzwischen sehr viele (zu viele!) Menschen, die schon seit Jahren onlinesüchtig sind und immer wieder neue Facetten durchleben, wie z.B. die Online-Sexsucht, auf die ich später noch zu sprechen komme.

Sehnsucht

Angefangen hatte damals alles mit einer gehörigen Portion Neugierde, als ich das Internet und dessen unbegrenzte Möglichkeiten entdeckte. Die Faszination, die das Medium in mir auslöste, ließ mich von Anfang an keinen »gesunden Umgang« damit ausüben, und im Rückblick glaube ich, dass meine persönliche Sucht schon in den ersten Stunden der Internetnutzung begann. Vielleicht lag das aber nur daran, dass ich keinen blassen Schimmer von der Handhabung und dem Internet überhaupt hatte. Damals und viele Wochen und Monate dachte ich, der Onlinedienst, über den ich mit einloggte und in dem ich sofort im Chatbereich landete, sei das Internet. Dass man aber »über« diesen Onlinedienst quasi erst ins Internet gelangen kann, war mir nicht bewusst. Ein Onlinedienst ist eine kleine Welt für sich, doch woher sollte ich das alles wissen?

Ich lernte im Internet viele interessante Menschen kennen, einen unter ihnen näher und sehr intensiv. Peter. Er wies alle Attribute auf, die ich im realen Leben immer an Männern vermisst hatte: Er konnte zuhören, fand immer die richtigen Worte und war stets da – online, versteht sich. Es entwickelte sich eine Online-Romanze, in der ich erstmals in meinem Leben einem Menschen voll und ganz vertraute. Einem Menschen, dem ich nicht in die Augen blicken konnte und von dem ich eigentlich gar nicht wusste, wie er real sein würde. Die intimsten Dinge vertrauten wir uns gegenseitig an, und so steigerte sich meine Sehnsucht bis ins Unermessliche. Sehnsucht, diesen Mann real kennen zu lernen, Sehnsucht, so oft wie möglich mit ihm chatten und mailen zu können. Sehnsucht nach Anerkennung, nach »gemocht werden«, nach »gebraucht werden«, Sehnsucht nach Liebe.

Meine Tochter hatte ihren Schulabschluss erfolgreich

beendet und trat bei all meiner Träumerei am Computer schnell in den Hintergrund meiner Interessen. Als alleinerziehende Mutter bedeutet meine Tochter mir mehr als alles andere auf dieser Welt, aber das war seinerzeit nicht mehr präsent. Das Schlimme daran ist: Ich erkannte das gar nicht und wenn, dann wollte ich es nicht wahrhaben. Es gab immer häufiger heftigen Streit zu Hause, weil meine Tochter mir ständig vorwarf, dass mir die »Phantome im Internet« wichtiger seien als sie. Heute weiß ich, sie hatte recht, aber ich verschloss meine Augen vor der Realität.

Mein neuer Online-Partner scheute sich davor, seine Identität preiszugeben, er wollte mir weder ein Foto schicken noch seine Anschrift mitteilen, und wahrscheinlich war es gerade dies, was meine Sehnsucht nach einem realen Treffen mit diesem Mann noch verstärkte. Wir »sahen« uns täglich mehrmals online, träumten und liebten uns. Letztlich hatte ich ihn so dermaßen unter Druck gesetzt, dass er mir doch ein Foto von sich schickte und mir mitteilte, wer er war. Und es hätte nicht passieren dürfen, ich weiß es, denn er war wirklich auch auf dem Foto der Mann, den ich mir immer schon erträumt hatte.

Wir haben uns schließlich erst nach eineinhalb Jahren des täglichen Chattens und Mailens außerhalb des Internets live getroffen.

Wir waren uns im Internet so nah gekommen, wie ich es noch nie mit einem realen Partner hatte erleben dürfen, und beim ersten Treffen standen wir uns dann beide mit zitternden Knien gegenüber und brachten es nicht fertig, uns in die Arme zu nehmen. Förmlich gaben wir uns die Hand, und ich habe mich benommen wie ein verliebter, verlegener Teenager. Nichts war mehr da von der Unbefangenheit und Leichtigkeit, die wir im Internet miteinander erlebt hatten. Unsere Gespräche beim gemeinsamen Frühstück in einem Lokal waren sehr oberflächlich, und wir streichelten beide seinen Hund – statt uns. Waren wir uns zu vertraut geworden? Ist es gerade das, was eine reale Partnerschaft ausmacht, dass man nicht alles von seinem Gegenüber weiß? Schämten wir uns? Das alles sind Fragen, die ich bis heute nicht wirklich beantworten kann. Es blieb bei diesem einen Treffen, wir haben uns nicht wieder gesehen.

Heute, fast sieben Jahre nach unserem ersten damaligen realen Treffen schreiben wir uns immer noch E-Mails, telefonieren eher selten miteinander, aber wir vertrauen uns immer noch – mehr als unseren Mitmenschen. Vielleicht ist es nach wie vor so, dass ich ihm von meiner Seite viel mehr Vertrauen entgegen bringe als er mir, aber ich habe mich damit abgefunden, dass er den realen Bezug zu mir nicht wünscht. Online aber sind wir uns nach wie vor sehr wichtig – gegenseitig, wie ich glaube.

Auch wenn ich mich nicht mehr als onlinesüchtig bezeichne, so denke ich doch, dass ich furchtbar enttäuscht wäre, diesen vertrauten (immer noch vertrautesten) Menschen zu verlieren, indem er irgendwann einmal plötzlich nicht mehr im Netz sein würde.

Verlust des Arbeitsplatzes und des sozialen Umfeldes

In dieser Zeit war ich inzwischen derart abhängig geworden von meinem Internet, dass ich begann, meine Erlebnisse in Büchern festzuhalten, denn mit einer realen Person konnte ich darüber nicht sprechen, da mich längst niemand mehr verstehen konnte – ich mich ja selbst nicht. Ich fand einen Verleger – natürlich übers Internet. Wie stolz ich doch war, als der Lektor des Schweizer Verlages im Uni-Institut anrief, in dem ich einen krisensicheren Arbeitsplatz als Sachbearbeiterin und Projektleiterin für Seminare hatte, und mir mitteilte, dass er mein Buch veröffentlichen wolle.

Meinem Arbeitgeber gegenüber hatte ich längst jegliche Loyalität verloren, denn ich chattete seit geraumer Zeit auch während der Arbeitszeiten, schrieb und las meine E-Mails. Ich war längst nicht mehr die Arbeitskraft, die ich vor meiner Onlinesucht war. Alles im realen Leben erschien mir langweilig und meiner Fähigkeiten nicht würdig, und so kündigte ich schließlich meinen Arbeitsplatz mit den Worten: »Ich werde einen anderen Weg gehen, Bücher schreiben, die ich über das Internet vermarkte!« und ich glaubte wirklich daran! Mein Professor wünschte mir viel Glück, und er hatte keine Ahnung, was meine wahre Motivation für die Kündigung war. Endlich konnte ich meinen Rechner zu Hause nutzen, wann immer ich wollte. Mit Peter chatten, andere Leute kennen lernen, E-Mails schreiben und Bücher, auf die die Menschheit warten würde. So stellte ich es mir vor.

Als ich schließlich meinen zweiundvierzigsten Geburtstag online feierte, virtuell in der Nacht mit »Freunden« im Internet mit einem Glas Sekt anstieß, fiel mir das erste Mal auf, dass ich keine realen Freunde mehr hatte, die ich zu einer Feier hätte einladen können – oder wollen. Ich saß weinend vor dem Monitor.

Dann zog meine Tochter aus, sie hatte sich eine Lehrstelle in Hamburg besorgt, mehr als 500 km von zu Hause entfernt. Dies war einer der kurzen lichten Augenblicke, in denen mir klar war, dass ich etwas falsch gemacht hatte in meinem Leben. Den tiefen Schmerz des Verlassen-werdens, als meine Tochter davonfuhr, spüre ich noch heute.

Meine Gründe für die Onlinesucht im Rückblick

Wenn die Gründe für eine Sucht einfach zu definieren wären und pauschalisiert werden könnten, wäre eine hervorragende Präventionsarbeit möglich, um möglichst viele Menschen vor einer Sucht zu schützen. Da dies aber eben nicht der Fall ist, sollte jeder Betroffene sich einer fachgerechten Psychotherapie unterziehen, um seinem persönlichen Defizit und den Gründen für seine Suchtanlagen auf die Spur zu kommen.

Ich persönlich sehe in der scheinbaren Anerkennung und einer gewissen Macht, die ich im Internet ausüben konnte, einen Ansatzpunkt, mich mit den Gründen für dieses Abgleiten aus der Realität auseinander zu setzen. Sicher spielt auch hier wieder einmal die Kindheit, die Erziehung eine wichtige Rolle, aber auch das persönliche Umfeld, in dem jemand aufgewachsen ist.

Besonders faszinierend für mich war, dass ich im Internet mit den Menschen »spielen« konnte. Nicht, dass ich ihnen etwas vorgelogen hätte, aber ich war halt in meiner menschlichen Hülle visuell nicht wahrnehmbar, so dass ich mit einem ausgedachten Screen-Name (Benutzername) sehr bewusst romantische und sexuelle Phantasien in meinem jeweiligen Gegenüber wecken konnte. Es machte mir Spaß, dass die Menschen (und vor allem die Männer) mich mochten und liebten, und ich genoss es, dass sie sich nicht an meinem Übergewicht störten – sie sahen es ja nicht.

Ein ähnliches Beispiel nannte mir vor kurzem ein 84-jähriger Internetnutzer, der sich im Netz stets als 43-jähriger ausgibt. Er vertraute mir an, dass er es so nun endlich wieder schaffe, dass die Menschen sich mit ihm unterhalten und ihn nicht für senil halten würden. In der Realität, sagte er, habe er dazu keine Chance mehr.

Abhängigkeitssymptome/ Entzugserscheinungen

Nachdem meine Tochter ausgezogen war, wurde ich mir erst konkret meiner Onlinesucht bewusst. Ein guter Freund, der einzige, der mir im Laufe meiner Abhängigkeit nicht den Rücken zugewandt hatte, veranlasste mich, meinen Wohnort zu wechseln und zu ihm nach Berlin zu ziehen. Er reichte mir die Hand, und ich ergriff sie.

Wie ein kleines Kind lernte ich in der neuen Umgebung wieder laufen, mich in der Realität zu bewegen, mich unter Menschen zu mischen – real und nicht nur in einem Chatroom. Es ist fast nicht zu glauben, aber ich hatte es wirklich verlernt, einer unter anderen realen Menschen zu sein. Wir machten gemeinsame Spaziergänge, und in meinem Kopf war der ständige Drang, die Sehnsucht, wieder online gehen zu können, denn meine »Familie« hatte ich im Netz zurück gelassen, und ich litt wie ein Hund. Was Peter wohl gerade machte, und hatte er längst eine andere Vertraute gefunden? Nachts träumte ich von meinen Internet-Freunden und ich wachte völlig ausgelaugt auf. Ich wusste zu dem Zeitpunkt nur zu gut, dass ich süchtig war, aber ich hatte es mir nicht so schwer vorgestellt, mich von dieser Sucht zu lösen. Ich würde schon lernen, diesen guten (und realen) Freund an meiner Seite lieben zu lernen, dachte ich. Aber mit Peter konnte er bei weitem nicht mithalten – so real er auch war.

Meine Gedanken bewegten sich weiter im Netz, bei meinen vielen »Freunden«, die mich doch sicher ganz fürchterlich vermissen würden? Ich hatte furchtbare Angst, etwas zu verpassen und … vergessen zu werden. Und ich fühlte mich schuldig. Schuldig meinem realen Freund gegenüber, der von meinen Gedanken und meinen Entzugserscheinungen nicht den blassesten Schimmer hatte.

In dieser Zeit in Berlin bin ich etliche Male »rückfällig« geworden, indem ich heimlich ein Internet-Café aufsuchte und mich einloggte, E-Mails schrieb und meinen alten Bekannten zu erklären versuchte, warum ich nicht mehr ständig online war. Im Grunde interessierte das, glaube ich, kaum jemanden, aber das sage ich erst heute mit einem Abstand von mehr als vier Jahren.

Eine andere Betroffene schildert ihre Entzugserscheinungen folgendermaßen:

> Entzugserscheinungen kenne ich selber nur zu gut, allerdings hatte ich sie eher unfreiwillig, sprich nicht durch meinen Plan, sondern mein Provider[10] hatte so starke Einwahlprobleme, dass ich zwei Tage offline bleiben musste! Das waren die längsten 48 Stunden meines Lebens.
>
> Unruhig sein, am PC rumgammeln ohne Sinn, auf dem Bett liegen und die Decke anstarren, wütende Anrufe beim Provider, Versuche sich mit etwas anderem zu beschäftigen, verzweifelte Versuche sich einzuwählen (es könnte ja wieder funktionieren), schlaflos im Bett liegen und ans Netz denken, sich sinnlos vorkommen, etc. pp.
>
> In den letzten zwei Tagen ist mir erst richtig bewusst geworden, wie sehr ich süchtig bin! Daher werde ich langsam aber sicher einen aufgestellten Zeitplan durchziehen, und ich hoffe, dass ich es durchhalte!
>
> Heute hatte ich bereits meine erste »Online-freie-Stunde«, Montag plane ich 30 Minuten hinzuzufügen. Am Wochenende damit anzufangen, würde nichts bringen.

Auch ich bekam damals meine »Unruhe« nicht wirklich in den Griff, und so suchte ich schließlich Hilfe bei einem Internisten in Berlin, den ich ziemlich kleinlaut fragte, ob er schon einmal von Onlinesucht gehört habe. Ein verständnisloses Achselzucken ließ mich dann aber schweigen und mein Problem allenfalls mit Leuten aus dem Internet besprechen, die teilweise selbst betroffen waren und sich ihre Sucht eingestanden. Hier wurde ich verstanden.

Gründung des ersten bundesdeutschen Selbsthilfevereins

Nach eineinhalb Jahren, die ich in Berlin verbracht und einigermaßen wieder zu mir gefunden hatte, entschloss ich mich, im Juni 1999 mit einigen anderen Ex-Onlinesüchtigen zusammen im Rheinland den ersten Selbsthilfeverein für Onlinesüchtige (HSO e.V. – Hilfe zur Selbsthilfe für Onlinesüchtige[11]) zu gründen. Ich hatte diese Mitbegründer im Internet kennen gelernt, sie aber dann nach Berlin eingeladen, um sie real kennen zu lernen und mit ihnen dieses Projekt zu besprechen. Es konnte und durfte doch nicht sein, dass es keine Hilfsangebote für Onlinesüchtige und deren Angehörige gab.

Berichte aus der Praxisarbeit des HSO e.V.

Der Verein machte sich u. a. zur Aufgabe, reale Anlaufstellen zu schaffen für betroffene Onlinesüchtige und deren Angehörige. Selbsthilfegruppen sollten bundesweit entstehen, in denen wir lediglich Hilfe zur Selbsthilfe leisten wollten. Es wurden Psychotherapeuten, Ärzte und Klini-

56

ken gefunden, die sich schon mit der Thematik auskannten und Erfahrungen in der Therapie mit Onlinesüchtigen mitbrachten. Auch ehemals Betroffene stellten sich erfreulicherweise als Ansprechpartner für Hilfesuchende zur Verfügung[12].

Als Bundesvorsitzende des Vereins habe ich mich stets bemüht dazu beizutragen, das Thema Onlinesucht in die Öffentlichkeit zu bringen[13]. Nicht nur durch die Veröffentlichung einiger Bücher zum Thema, sondern auch in einigen Talkshows und Sendungen zum Thema Medizin/Gesundheit, wie z.B. »Boulevard Bio«, »3 nach 9« oder »Ratgeber Gesundheit« stellte ich mich meiner Vergangenheit und sensibilisierte auf diese Weise die Gesellschaft, in ihrem Umfeld genauer hinzusehen, ob jemand betroffen sein könnte. Immer häufiger finden auch heute Referate zum Thema statt, die von den Städten und Gemeinden, vor allem in der Jugendarbeit, veranstaltet werden. Es ist wichtig, Multiplikatoren zu finden, die ihre Kenntnisse entsprechend weitergeben können und so Präventivarbeit leisten.

Die Vereinsarbeit löste eine Schwemme von Hilferufen aus, von denen wir an die 10 000 erhielten – per E-Mail, in Telefonaten und Briefen. In allen Teilen der Bundesrepublik, aber auch in unseren deutschsprachigen Nachbarländern, fühlten sich Menschen angesprochen, die konkrete Hilfe suchten. Unsere ehrenamtliche Arbeit artete schließlich oftmals in einen 12-Stunden-Tag aus, so dass wir Unterstützung von öffentlicher Seite suchten, die uns aber bis heute verwehrt wurde. Das Problem Onlinesucht ist inzwischen auch im Bundes-Gesundheits-Ministerium bekannt, allerdings stehen nach wie vor (noch) keine finanziellen Mittel zur Verfügung, um gezielt in die Präventivarbeit zu gehen. So sahen wir uns im Mai 2001 gezwungen, unseren Verein vorerst aufzulösen.

Seither kümmere ich mich in Eigeninitiative weiterhin um Fördermöglichkeiten, referiere weiterhin zum Thema und stehe so gut ich kann als Ansprechpartnerin für Hilfesuchende zur Verfügung. Die Internetseiten

http://www.onlinesucht.de

werden weiterhin von mir aktualisiert, denn sie haben sich als hervorragende Informationsquelle für Betroffene und deren Angehörige erwiesen. Auf den ersten Blick kann man vielleicht meinen, es sei Unsinn, Onlinesüchtige im Medium Internet zu »bedienen«, aber nach wie vor gilt es, die Betroffenen dort abzuholen, wo sie sich aufhalten, und das ist nun einmal das Internet. Wo sonst sollte ein Kontakt zu Onlinesüchtigen zustande kommen als im Internet? Das Ziel ist nach wie vor, so vielen Betroffenen und deren Angehörigen Mut zu machen, über ihr Problem zu sprechen, in die Realität zurück zu finden, und sich im Bedarfsfall einer Psychotherapie zu unterziehen.

So habe ich mich auch entschlossen, die erste deutsche Onlinesucht-Hotline* anzubieten, so dass der immer noch flächendeckende Mangel an kompetenten Therapeuten, die Erfahrung in der Behandlung von Onlinesüchtigen und deren Angehörigen nachweisen können, zumindest vorläufig aufgefangen wird. Wer weitere Informationen zur Onlinesucht, deren Hintergründe oder Anregungen zur Selbsthilfe wünscht, kann diese telefonisch, per E-Mail und/oder sogar in einem Online-Chat erhalten (Details finden Sie im Anhang).

* http://www.onlinesucht-hotline.de

Berichte von Betroffenen

 **Meine Freundin ist internetsüchtig und lebt zwei Leben …**

Hallo, mein Name ist D.

Meine Freundin hat seit ca. einem halben Jahr eine Flatrate[14].

Ihre Sucht geht so weit, dass sie in den Ferien bis 5 Uhr morgens am Rechner sitzt, bis 16 Uhr schläft und dann wieder ins Netz geht … In der Schulzeit ist es weniger schlimm, logisch, sie ist ja auch den halben Tag in der Schule.

Aber wenn sie nach Hause kommt, macht sie keine Hausaufgaben oder lernt, sondern sitzt vor der Kiste.

Letzte Woche ging sie nicht zur Schule, da sie nicht aus dem Bett kam (ratet mal warum…). Am Telefon kann man nicht mit ihr reden, da sie nicht zuhört bzw. dabei tippt, und wenn man sie darauf anspricht, beendet sie meist das Gespräch und legt auf.

Per ICQ[15] kann sie aber mit mir reden…

Auch wenn ich sie dort darauf anspreche, packt sie mich auf ihre Ignorliste (ignoriert mich total).

Als ihre Mutter letztes Mal ihren PC ausgeschaltet hat, bekam sie einen Wutanfall, beleidigte sie auf das Letzte und fing an, Sachen aus dem Fenster zu werfen! Erst ihre Tante, die nebenan wohnt, konnte sie irgendwie beruhigen.

Sie sagte an diesem Tag zu mir, dass sie ihre Mutter hasst.

Ein paar Wochen später sagte sie mir aber, dass sie ihre Mutter doch lieb hat.

Sie sagte mir, dass sie in ihrem Chat so sein kann wie sie will. Sie ist der Meinung, sie sei zu dick und deshalb möge sie keiner.

Das ist natürlich totaler Quatsch.

Ja, sie ist ein wenig mollig, aber das stört doch niemanden, im Gegenteil, mir gefällt das beispielsweise.

Im Chat ist sie begehrenswert, jeder denkt sie hätte einen perfekten Körper und sei das schönste Mädchen der Welt.

Andererseits denkt sie, dass wenn die anderen Chatter wüssten wie sie aussieht, würden sie sie nicht mehr mögen.

Dazu kommt noch ihre Mitgliedschaft in einer Gilde (so was wie ein Clan, nur für RPG[16]), dort ist sie auch noch Forum-Moderatorin.

Sie denkt wirklich, dass das wichtig sei, ich meine »wirklich« wichtig! Sie hat im Board Macht, sie kann machen was sie will, kann im Chat Leute kicken, Beiträge löschen etc.

Solch eine »Macht« würde sie sicherlich im realen Leben auch haben wollen. Auch ihre beste Freundin, ihr bester Freund und ihr Cousin sind meiner Meinung.

Aber was soll ich tun? Soll ihr Vater ihr den PC wegnehmen? Sie komplett in Ruhe lassen? Sie ablenken, gar nicht erst an den PC lassen?

Was soll ich tun?

Ich liebe sie wirklich unglaublich, und ich weiß, sie liebt mich auch, aber ich sehe, dass ihre Sucht zwischen uns steht, und ihr Leben zerstört.

Sie will ABI machen, danach studieren.

Hilfe…

Ein weiterer Hilferuf per E-Mail:

Endstation

Ich habe seit zwei Jahren Internet und war eigentlich von Anfang an suchtgefährdet, aber es hielt sich immer noch in Grenzen. Doch seit etwa einem halben Jahr spitzt sich die Situation immer weiter zu. In der Woche bin ich, trotz Schule, jeden Tag mindestens fünf Stunden online, am Wochenende mindestens fünfzehn Stunden am Tag.

Meine Freunde (die ich ohnehin so gut wie nicht mehr habe) sind mir längst unwichtig und meistens sogar lästig geworden, und ich fühle mich in der »Offline-Welt« nicht mehr wohl.

An manchen Tagen habe ich Angst, vor die Tür zu gehen oder kriege Panik, wenn ich zu weit vom PC entfernt bin.

Ich schwänze immer häufiger die Schule, um länger online sein zu können, und auch weil ich mich in der Schule extrem unwohl fühle.

Meine Eltern drohen damit, dass ich das Internet für immer gesperrt bekomme, wenn ich mich nicht mindestens 2 mal in der Woche verabrede und einem Sportverein oder ähnlichem beitrete. Und wenn rauskommt, dass ich schwänze, bin ich sowieso erledigt.

Ich kann mir ein Leben ohne Internet aber absolut nicht vorstellen, es ist so etwas wie mein Zuhause geworden, ich habe alle meine Freunde dort, und ohne Internet will und kann ich nicht leben.

Ich habe das Gefühl, dass alle Probleme jeden Moment über mir einstürzen werden.

Ich weiß nicht mehr was ich machen soll…

Betreff: Wann kommen ich und die Kinder?

Hallo Leute!!!!

Mit großem Interesse habe ich die vielen Beiträge von Betroffenen gelesen und mir wurde bewusst, dass ich gerade noch rechtzeitig den Absprung geschafft habe. Worum es mir geht, ist ganz einfach. Meine Frau betreibt dieses Spiel schon eine ganze Zeit und ich komme ihr auch mit vernünftigen Argumenten nicht mehr bei. Ich schildere euch nun mal einen einzigen Tag von ihr, damit ihr sehen könnt, was sich da abspielt.

Aufstehen: 6:30 Uhr: Erster Gang an den Computer, Online-Freund X ist schon da.

Chatten bis 7.00 Uhr.

7.00 Uhr: Abmelden.

Die Kinder gehen inzwischen aus dem Haus.

7.45 Uhr: Erneut anmelden, Online-Freund Y ist nun da Chatten bis 8.15 Uhr, danach zur Arbeit.

Mittagspause von 12.45 Uhr-14.15 Uhr.

Anmelden um 13.00 Uhr: Freund X, Y, Z sind bereits da und warten.

Abmelden um 13.30 Uhr.

Erneutes Anmelden um 13.45 Uhr, Freund X (ihr Favorit) ist schon wieder da.

Chatten bis 14.15 Uhr, danach zur Arbeit.

Feierabend um 18.30 Uhr.

Anmelden um 19.00 Uhr: »Nur mal kurz nach Post schauen«, meistens ist aber schon jemand da, der wartet.

Chatten bis 19.45 Uhr.

Abmelden.

Warten auf SMS-Nachricht von Freund X.

Anmelden um 20.15 Uhr.

Chatten bis ca 21.30 Uhr.

Abmelden.

Danach kommen die Telefonate der vielen Online-Freunde (noch um 23.00 nachts). Um 22.30 Uhr sagt sie, sie geht ins Bett. Aber es wird sich noch einmal kurz angemeldet, um zu schauen, ob Post da ist. Erst dann ist Schluss.

So sieht ein »normaler Tag« bei uns aus. Und das 7 Tage in der Woche. Dazu kommen noch die Telefonate und SMS-Nachrichten, die zwischendurch kommen.

Prost Mahlzeit.

Und nun Frage ich: Wo soll das hinführen? Wann komme ich und die Kinder? An welcher Stelle stehen wir?

Ich höre immer nur: Ich lasse mir meine freie Zeit nicht von dir verplanen. Es ist mein Leben. Ich lasse mir nichts vorschreiben. Ich habe ein Recht darauf.

Meine geliebte Frau, mit der ich seit fünfzehn Jahren verheiratet bin und zwei Kinder habe, ist seit Mai 1999 auf diesem Trip. Sie hat seither zehn Kilo abgenommen. Dicke Ringe unter den Augen. Sie wollte schon unzählige Male ausziehen und mir einreden, ich hätte sie rausgeschmissen. Sie hat sich total verändert. Ein Kehrtwendung um 180 Grad.

Ich habe keine Ahnung, wie man so jemandem noch beikommen soll, denn sie findet, dass absolut nichts dabei ist. Die Folge ist leider, dass wir eine schwere und lange Ehekrise haben, aus der wir jedoch so nicht herauskommen. Ich denke mal, dass auch meine Geduld langsam zur Neige geht und ich mich trennen werde, wenn sie nicht langsam begreift, dass es so nicht gehen kann.

Ich wäre sehr froh, wenn mir jemand schreiben könnte, was er davon hält. Auch eine anonyme Veröffentlichung ist in Ordnung. Wo gibt es die Leute die auch mir helfen, als Geschädigtem. Wo gibt es Adressen, an die man sich wenden kann?

E-Mail-Hilferuf:

Ich will nicht mehr leben!

Sehr geehrte Frau Gabriele,
ich bin Mutter eines internetsüchtigen Sohnes (20 Jahre). Er ist seit ca. drei Jahren Mitglied eines Counterstrike-Clans und ist seit ca. einem Jahr höchstgradig internetsüchtig.

Seine Persönlichkeit und sein Charakter haben sich während des letzten Jahres nur negativ verändert. Er war bis vor einem Jahr noch ein ganz normaler freundlicher, zuverlässiger und hilfsbereiter junger Mann (Deutscher Tennis-Jugendmeister, Abitur mit 2,1) bis er sich an das Niveau (Sprache und Aktionen) des Clans völlig anpasste und zu lügen, zu betrügen und zu stehlen begann. Hacker-tipps, wie man auf Kosten anderer Leute kostenlos im Internet surfen kann, wurden von ihm übernommen. Kripo im Haus!

Vorschriften über Mindestausstattung hinsichtlich Hard- und Software wurden befolgt – Diebstahl in einem Elektronikgeschäft – Anzeige – 1 Woche Sozialarbeit. Arbeiten mit Software-Raubkopien (macht doch jeder!), Clan-Vorschriften über vorgeschriebene ONLINE-Zeiten, Kampf-spiele-Trainings, Nonstop Tag- u. Nacht- LAN-Sessions am Wochenende werden eingehalten und andere Verpflichtungen vernachlässigt bzw. nicht erledigt.

Computer-Sitzungen auch wochentags bis ca. 3.00 Uhr morgens sind keine Seltenheit. Verschlossene Räume im Haus mit Internetanschluss werden aufgebrochen. Früher nie vorkommende verbale Aggressivität den Eltern gegenüber »Halt's Maul«, »Du hast einen Schlag weg«, »Ich lache euch alle einmal aus« erschrecken uns. Trennung von seiner Freundin nach zweijähriger Beziehung. Auszug von zu Hause für ca. 4 Wochen zu einem Clan-Freund.

Freiwillige Rückkehr und Wiederauszug nach ca. zwei Wochen. Wir haben alles nur Erdenkliche versucht, sowohl im Guten als auch im Bösen, unseren Sohn aus seiner virtuellen Computerwelt ins reale Leben zurückzuholen. Es hilft alles nichts, er macht »dicht« und schottet ab. Ein normales Gespräch ist nicht mehr möglich. Hinweise auf sein suchtartiges Verhalten werden als lächerlich abgetan. Er ist mit Gott und der Welt fertig. Was zählt sind nur die Clan-Freunde. Der Leader des Clans ist Wehrpflichtiger bei einer Spezial-Kampfeinheit! Sein Wort ist ihm Befehl.

Von mir angestrebte Gespräche mit anderen Eltern von einigen Clan-Mitgliedern wurden abgeblockt. Es besteht kein Interesse etwas zu ändern. Meine Befürchtungen werden als zu spießig und übertrieben angesehen.

Computerkampfspiele und nonstop Tag- und Nacht-LAN-Session gelten für Jugendliche im der heutigen Zeit als normal.

Unsere Familie (Bruder und Schwiegertochter, Großeltern) ist verzweifelt, hilflos und ratlos.

Ich kann nicht mehr schlafen, nicht mehr essen und ich weine nur noch Tag und Nacht. Am liebsten will ich mich vergraben und nichts mehr hören und sehen. Der Stein auf meinem Herzen ist tonnenschwer und nimmt mir die Luft zum Atmen. Ich weiß keinen Ausweg mehr. Ich leide fürchterlich unter der Veränderung unseres Sohnes. Ich kann so nicht mehr weiterleben und vielleicht ist die einzige Lösung mein Tod. Vielleicht rüttelt so ein tragisches Ereignis meinen Sohn wieder auf und vielleicht ist dies der Preis, den ich dafür zahlen muss, damit er nicht zugrunde geht und damit er ein normales Leben führen kann.

Gewaltbereitschaft durch Kontroll- und Realitätsverlust

Es hat keinen Sinn, etwas herbeireden oder dramatisieren zu wollen. Dennoch machen mich einige Pressemeldungen mehr als nachdenklich, ob ein Zusammenhang zwischen Onlinesucht, dem damit verbundenen Realitäts- und Kontrollverlust und erschreckenden Straftaten der jüngsten Vergangenheit bestehen könnte.

Dazu zunächst ein Pressebericht aus den »Salzburger Nachrichten«[17] vom 29. Februar 2000:

Isolation durch Internet

Der Selbstmord einer Schülerin löste Diskussion über die totale Freiheit in der virtuellen Welt aus. Ein Psychologe spricht von Scheinkommunikation.

Fritz Pessl, Steyr (SN).

Eine Sperre des Internets für einen Tag verhängte am Montag Helmut Zagler, Direktor der Handelsakademie Steyr, an der Schule. Mit diesem demonstrativen Akt wollte er am ersten Schultag nach den Semesterferien der 17-jährigen HAK-Schülerin gedenken, die vor einer Woche gemeinsam mit einem Norweger Selbstmord verübt hatte, und vor den Gefahren des Internets warnen, das den beiden als Medium für den Plan der Wahnsinnstat gedient hatte.

»Das Missbrauchspotenzial im Internet ist erschreckend groß geworden, ohne WorldWideWeb wäre diese Tat in anderer Form oder nicht passiert«, erzählt Zagler. Zeitliche und räumliche Entfernungen würden aufgehoben, weltweite Kommunikation koste kaum mehr Geld. Er begrüße, dass in der Schule der totalen Freiheit durch »Fire-Wall«-Projekte Schranken gesetzt werden.

Auch der Psychologie-Lehrer und ausgebildete Psychotherapeut Georg Neuhauser sieht das Internet einerseits als wichtiges Arbeitsmittel, andererseits als Gefahr für die Flucht in eine Scheinkommunikation. »Durch den Computer entsteht eine verengte Weltsicht. Vorhandene Tendenzen in Richtung Vereinsamung und Isolation werden verstärkt«, meint Neuhauser. Im Internet werde mit Pseudonymen agiert, es gebe keine realen Rückmeldungen. Den Jugendlichen müsse zunächst der richtige Umgang mit den neuen Medien beigebracht werden. Der Tod des Mädchens sollte zum Anlass für Reflexion unter Lehrern und Präventionsarbeit genommen werden. Die Fachausbildung stehe in der Schule im Vordergrund, Kreativfächer – Konfliktregelung, Kommunikation würden vernachlässigt, so Neuhauser.

Wie berichtet hatte die Schülerin in einer englischsprachigen »Internet-Newsgroup für Lebensmüde« mit dem Norweger Kontakt geknüpft. Dieser hatte am 09. Februar 2000 eine Suchanzeige folgenden Inhalts aufgegeben: »Ich plane Selbstmord zu begehen ... auch wenn es bizarr klingen mag, aber ich möchte es mit jemandem zusammen machen.« Das Mädchen war nicht die einzige, die dem Lebensmüden eine E-Mail schickte, auch eine depressive Norwegerin wollte auf diese Art den Freitod wählen. Die Mutter der Steyrerin sprach von der Kehrseite des Internets, durch den Norweger hätten sich die nihilistischen Gedanken ihrer Tochter aufgeschaukelt.

Die Klassenkameraden wussten zwar von ihrem Hang zu düsterer Musik und Literatur, Selbstmord hätten sie der Mitschülerin nicht zugetraut. »Ihren Computer liebte sie über alles, einen Internetfreund in Norwegen hat sie immer als Seelenverwandten bezeichnet«, erinnert sich ihre beste Freundin.

Einige weitere Presseberichte werden Ihnen das Thema verdeutlichen:

Internetsüchtiger Sohn wollte Mutter töten
Quelle: http://www.chip.de/news_stories/news_stories_8640052.html
28.01.2002

München (smk)
Ein 16-jähriger Internet-Freak aus Malaysia hat versucht, seine Mutter zu töten, damit er ungestört surfen kann. Der Junge wollte seine Mutter im Schlaf anzünden und habe sie mit einem Messer bedroht, berichtet die Deutsche Presseagentur unter Berufung auf die Zeitung »Malay Mail«.

Laut der Mutter verbringt der 16-Jährige den Großteil seiner Zeit im Chat und mit Spielen. Zudem wolle er mit Hilfe des Internets Geld verdienen, sagte die Mutter gegenüber der Zeitung. Er sei abhängig und werde wütend, wenn man versucht, mit ihm zu reden.

Dieser Zustand dauere bereits an, seitdem der Sohn zum 15. Geburtstag einen PC geschenkt bekommen hat. »Vorher war er so ein sanfter und gehorsamer Junge. Nun leben wir in Angst, weil wir nicht wissen, ob er wieder gewalttätig wird«, erzählte die Mutter.

Internetsüchtiger Gatte – Frau holte die Axt
Quelle: http://rhein-zeitung.de/on/99/07/01/ 01.07.1999

Grafton – Mit einem Beil hat eine wütende 29jährige Amerikanerin auf den Computer in ihrem Haus eingeschlagen, weil ihr Ehemann nächtelang übers Internet mit anderen Frauen plauderte.

Zuerst versuchte Kelli Michetti aus Grafton im US-Staat Ohio, mit dem Beil die PC-Kabel zu durchtrennen. Dann ging sie zum Angriff auf den Computer über. Ihr Internetverliebter Ehemann hielt sie noch davon ab, den Computer zu zerstören. Die Polizei musste den Mann von seiner Frau befreien, die sich an ihm festklammerte. Die Beamten führten sie in Handschellen ab.

Die 29jährige wurde wegen häuslicher Gewalt und Widerstands gegen die Polizei mit 200 Dollar, etwa 380 Mark, Geldstrafe belegt. dpa

Sorgerecht entzogen wegen Onlinesucht
Quelle: http://onlinesucht.de/direktverlag.htm

In den 8.00 Uhr-Nachrichten des Schweizer Radios am 24.10.97 war eine der Hauptmeldungen, dass in Kalifornien einer Frau das Sorgerecht für ihre Kinder entzogen worden ist, weil sie internetsüchtig sei. Sie habe sich tagelang ins Schlafzimmer zurückgezogen, wo sie ihren PC hatte, und war durchs Internet gesurft. Die Kinder habe sie dabei völlig vergessen.

Anleitung zum Kindesmissbrauch und Mord im Internet
Quelle: http://www.heise.de/newsticker/data/ad-04.08.00-000/

Ein 26-jähriger Mann, der im Web eine Anleitung für die Entführung, Vergewaltigung und Ermordung eines zehnjährigen Mädchens publiziert hatte, ist wieder auf freiem Fuß. Er hatte nach Angaben der Polizei in Bad Segeberg gestanden, auf seiner Homepage sieben Seiten mit seinen perversen Fantasien installiert zu haben, und war daraufhin dem Haftrichter vorgeführt worden. Es habe jedoch kein Haftgrund vorgelegen, so dass der Verdächtige wieder frei gelassen wurde, sagte ein Polizeisprecher. Bei einer Durchsuchung der Wohnung des Mannes wurden laut Polizeiangaben Videokassetten, Schriften sowie ein Computer beschlagnahmt, die jetzt von Spezialisten des Landeskriminalamtes gesichtet werden. Man ermittle derzeit nur wegen des Besitzes und der Verbreitung pornografischer Schriften gegen ihn. »Ob weitere Straftatbestände zum Tragen kommen, zum Beispiel Aufforderung zur Begehung von Straftaten, muss geprüft werden«, heißt es in einer Polizeimitteilung. In seiner Vernehmung hatte der Mann bestritten, andere zu Straftaten aufgefordert zu haben. Das habe er auch auf seiner Homepage so zum Ausdruck gebracht.

Gabriele Wichert vom Deutschen Kinderschutzbund sagte, sie finde es sehr bedrückend, dass der Mann wieder auf freiem Fuß ist, da dem bislang unauffälligen Täter juristisch keine Aufforderung zu einer Straftat nachzuweisen sei. Möglicherweise bestehe hier eine Gesetzeslücke. Falls dies der Fall sei, müsste diese umgehend gefüllt werden, sagte Wichert. Der Täter selbst brauche vermutlich eine psychologische Behandlung. (ad/c't)

Amoklauf von Erfurt am 26. April 2002 (Gutenberg-Gymnasium)
Quelle: AFP
Am 26. April dieses Jahres hatte der 19-jährige Robert Steinhäuser im Erfurter Gutenberg-Gymnasium zwölf Lehrer, eine Sekretärin, zwei Schüler und einen Polizeibeamten erschossen, bevor er die Waffe gegen sich selbst richtete. (AFP)

dazu:
Faszination Gewalt und Empathieempfinden
Quelle: http://www.stern.de/politik/spezial/amoklauf/ artikel/?id=171417&page=1
Prof. Dr. Jürgen Fritz, der die Wirkung virtueller Welten an der Fachhochschule Köln erforscht, unterscheidet zwischen realer Aggression und Aggression im Spiel: Reale Aggression will immer das Gegenüber verletzen, Kämpfe im Spiel verfolgen nicht dieses Ziel, sondern befriedigen in erster Linie ein Spaßbedürfnis.

Gespielte Aggressivität ist nicht mit realer gleichzusetzen. Analog zur Psychotherapie, wo das Spiel ein etabliertes Mittel ist, um innere Konflikte zu bewältigen, ohne, dass der Betroffene sich den realen und unumkehrbaren Folgen der Realität aussetzen muss, nimmt der Computerspieler im Spiel eine aktive Rolle ein und kann so seine Ängste bewältigen bzw. mit aggressiver Thematik ohne Konsequenzen umgehen. Nach dieser Argumentation könnte die fiktive Aggressivität und der spielerische Umgang mit ihr ein Mittel zur Persönlichkeitsentwicklung sein.

Der große kommerzielle Erfolg und die Beliebtheit aggressiver Computerspiele, beispielsweise der »Ego-Shooter«, sind mit der Faszination der Gewalt zu erklären. Gewalt ist spannend. Die aktive Rolle, die der Spieler übernimmt, fordert ständigen geistigen Einsatz und erzeugt Adrenalinstöße. Zudem kann der Spieler durch die virtuelle technische Ausstattung mit einem großen Waffenarsenal Machtgefühle ausleben. Gewalt wird nicht mehr körperlich ausgelebt, sondern geistig.

Ein wesentlicher Unterschied zwischen realer und fiktiver Gewalt ist das Ausbleiben des Hineinfühlens in das Gegenüber. Der Spieler hat es nicht mit realen Personen zu tun, er empfindet keine Empathie für seinen virtuellen Gegner, ein wichtiger Mechanismus zur Gewaltkontrolle in der realen Welt. Ebenso wenig empfindet man Empathie für positive Figuren in Computerspielen, beispielsweise für Pokémons.

Die Fähigkeit zur Empathie bildet sich in der Eltern-Kind-Beziehung heraus. Eine Unfähigkeit zur Empathie durch beispielsweise eine gestörte Eltern-Kind-Beziehung verhindert das »Sich-Hineinfühlen« in das Gegenüber und kann zu einer Enthemmung der Gewalt führen.

Liegt eine Empathie-Störung vor, kann diese durch Computerspiele verstärkt werden. Die Spiele selbst können aber nicht der Auslöser sein. Die einzige Gefahr unter Empathiegesichtspunkten, die von übermäßigem Spielen ausgehen kann, ist die Gefahr der Verarmung an realen sozialen Kontakten.

Verarmung an sozialen Kontakten!?

Bombenanschlag auf Supermarkt in Helsinki
»Das Internet ist mein einziger Freund«
Quelle: FAZ (Printmedium) am 15.10.2002

HELSINKI, 14. Oktober (dpa). Auch drei Tage nach dem Bombenanschlag in einem Einkaufszentrum im Norden von Helsinki sind die Motive des 19 Jahre alten Täters weiter unklar. Der Chemiestudent Petri Erkki Tapio Gerdt hatte am Freitagabend in dem von mehr als 1000 Menschen besuchten »Myyrmanni«-Center in Vantaa in der Nähe der finnischen Hauptstadt eine Bombe gezündet. Sechs Besucher und er selbst kamen ums Leben, 85 Personen wurden zum Teil schwer verletzt.

Bekannte und Studienkollegen des jungen Mannes schilderten ihn als vereinsamten aber unauffälligen Einzelgänger. In einem Chatforum im Internet, in dem Gleichgesinnte sich über den Bau von Bomben austauschen, schrieb Gerdt unter dem Kürzel »rc«: »Das Internet ist mein einziger Freund!«

Anfang vergangener Woche hinterließ er eine Mitteilung, die in Zeitungen als »Abschiedsbrief« gewertet wird. Von einem »größeren Unglück«, das er noch nie miterlebt habe, ist dort die Rede. An einer anderen Stelle heißt es: Aber einmal träumte ich, dass die Polizei zum Platz der Detonation kam. Im nächsten Traum war ich tief im Innern des Waldes.« Ein Motiv aber liefert auch diese Mitteilung nicht. An zahlreichen Schulen und auch an der von Gerdt besuchten Technischen Hochschule wurden am Montag Trauerfeiern für die Opfer abgehalten. Das »Myyrmanni«-Center mit seinen 138 Geschäften und Restaurants bleibt mindestens bis Ende der Woche geschlossen.

Waiblingen (BW) am 18.10.2002:

Geiselnahme eines 16-jährigen in einer Schule in Waiblingen (BW)

Quelle: http://www.spiegel.de/panorama/
0,1518,218927,00.html

Waiblingen – Dies teilte ein Polizeisprecher am Vormittag mit. Der 16 Jahre alte Junge hatte am Freitag in der baden-württembergischen Ortschaft vier Schüler stundenlang als Geiseln genommen. Am Abend – nach annährend sieben Stunden bangen Wartens – hatte er schließlich aufgegeben.

Die Geiselnahme von Waiblingen war offenbar keine spontane Aktion. Es bestehe der begründete Verdacht dafür, dass der 16-Jährige seine Tat schon länger geplant habe, teilten Polizei und Staatsanwaltschaft am Samstag mit. Bei einer Wohnungsdurchsuchung hätten Beamte verschiedene Bücher gefunden, die sich mit Geiselnahmen und Polizeieinsätzen beschäftigten.

Der Schulleiter sieht als Motiv für die Tat den »Wunsch nach Anerkennung«. Der Täter, der als kleines Kind von einer Waiblinger Familie adoptiert wurde, habe in zwei Welten gelebt: »In der Realität und in seiner Traumwelt.« Nach Angaben der Schule war der Geiselnehmer nicht von der Schule geflogen. Er habe vielmehr auf Grund eines Wohnsitzwechsels die Schule freiwillig verlassen und sei zuletzt auf eine andere Waiblinger Schule gegangen.

Erneut bestätigte die Polizei, dass der Jugendliche in den Gesprächen mit den Beamten einen ruhigen und gefassten Eindruck gemacht habe. Auch habe er die mit ihm eingeschlossenen Kinder gut behandelt. »Er gab ihnen zu trinken, als sie Durst hatten und bestellte Pizza, als sie hungrig wurden«, sagte der Sprecher. (sa/dpa)

Aufgrund dieser und anderer sich häufenden Berichte über Amokläufe und Attentate fragte ich im Diskussions-Forum der Internetseiten www.onlinesucht.de, ob aus dem jeweiligen Bekanntenkreis Auffälligkeiten bekannt seien, dass jemand aufgrund seiner exzessiven Internetnutzung einen Kontroll- bzw. Realitätsverlust aufweist. Doch lesen Sie selbst:

Gewaltbereiter durch Onlinesucht?

Forum onlinesucht.de, Gabriele Farke

>> Mich würde Eure Meinung interessieren.
Erst gestern nahm wieder einmal ein Schüler Geiseln in einer Schule in Waiblingen, wenngleich Gott sei Dank dieser Vorfall dieses Mal glimpflich ausging (im

Gegensatz zu Erfurt). Der Presse war als Motiv für die Tat zu entnehmen:

Der Schulleiter sieht als Motiv für die Tat den »Wunsch nach Anerkennung«. Der Täter, der als kleines Kind von einer Waiblinger Familie adoptiert wurde, habe in zwei Welten gelebt: »In der Realität und in seiner Traumwelt.«

Mich machen solche Aussagen hellhörig, und ich würde gern von Euch wissen, ob Ihr meine Meinung teilt, dass hier durchaus auch eine Onlinesucht mit den typischen Begleiterscheinungen wie Realitäts- und Kontrollverlust vorliegen könnte, was ich natürlich noch intensiv recherchieren möchte.

Hat jemand von Euch selbst oder im persönlichen Umfeld ähnliche Erfahrungen gemacht, dass eine »vermeintliche« Macht, die im Internet ausgeübt wird (ob in Online-Spielen oder auch als besonders anerkannter Typ in Chat-Communities), plötzlich Realität war und nicht mehr zwischen Realität und Traumwelt unterschieden werden konnte? Ich freue mich auf Eure Meinungen (Bekenntnisse?) dazu.

Einige Antworten:

Hallo Gaby,
das Internet ist natürlich schon ein geeignetes Medium, um mangelnde Kommunikation oder mangelndes Selbstbewusstsein in RL (im realen Leben) auszugleichen.

Bei meinem Partner habe ich ein ganz deutlich verändertes Verhalten festgestellt. Einmal ganz abgesehen von den »Begleiterscheinungen« bei Süchtigen jeglicher Art, war er, wenn er nicht schnell genug in sein Spiel kam, deutlich gereizt und wurde auch unfair und beleidigend, um mich los zu werden, damit er zocken konnte.

Dies setzte sich aber auch oft nach dem Zocken fort,

denn irgendetwas ging ja meist schief, entweder wurde er getötet, oder eine Gruppe kam nicht zustande oder die Leitung ruckelte, oder, oder, oder …! Nach solchen »Misserfolgen« war er dann ebenfalls sehr schnell auf 180, teilweise ohne ersichtlichen Grund für mich als Außenstehende … und ja, … ich bin der Meinung, er hat Gegebenheiten aus dem Spiel ebenfalls versucht auf das RL (reale Leben) zu übertragen, bzw. hat versucht Misserfolge in RL im Spiel wieder, durch pausenlosen Einsatz und Präsenz, wett zu machen.

Und auch heute noch merke ich ganz deutlich an seinem Verhalten, wenn er mal wieder ein wenig »zu viel« in den Foren war oder wenn er, worauf wir uns geeinigt haben, am Wochenende mal gespielt hat. Seine Hemmschwelle, aus der Haut zu fahren, ist dann sehr niedrig. Natürlich kommen auch andere Probleme und Faktoren dazu, die eine Rolle spielen, doch das Spiel tut sein übriges.

Ein anderer Internetnutzer meint jedoch:

Amoklauf in Erfurt

Hallo Leute,

also ich kann als jahrelanger Konsument von Ego Shooters und sonstigen Aktionsspielen nur verneinen, dass Ego Shooter der Grund für so etwas ist! Im Gegensatz zu vielen hier habe ich eine militärische Ausbildung gemacht und das »Handwerk« eines Soldaten erlernt! Das klingt blöde, ich weiß, aber wie soll man das sonst nennen?? Und trotz alledem laufe ich nicht Amok!!

Das Ergebnis der Ermittlungen nach Erfurt versandete in der Presse. Es war unwichtig geworden, da die 15 Minuten Berühmtheit der Story schon abgelaufen waren. Das BKA kam zu dem Schluss, dass »die Spiele nicht ausschlaggebend waren, sondern das Elternhaus«. Der Schüler war zuhause nichts wert und seinen Eltern wohl vollkommen egal!

Bestimmt gibt es einen Zusammenhang zwischen Onlinesucht und Gewalt, aber nur in der Hinsicht, das sie beide den selben Ursprung haben: Flucht in eine Traumwelt! Aber dass die Sucht nun den Täter »motiviert« so etwas zu tun glaube ich nicht!

Hysterie zu erzeugen, wäre sicher der falsche Weg, und es wäre wohl auch zu einfach, beim nächsten Amoklauf zu sagen: Das war wieder ein Onlinesüchtiger, der konnte Realität und Scheinwelt nicht mehr auseinander halten. Hier spielen sicher sehr viele Faktoren eine Rolle, die einen Menschen letztlich zu einer Tat wie beispielsweise den Amoklauf in Erfurt veranlassen.

Dennoch schadet es wohl nichts, wenn wir alle im Auge behalten, ob nicht doch etwas dran sein könnte, dass die »scheinbare Macht«, die »scheinbare Anerkennung« im Netz gelegentlich auch überhand nimmt und von dem einen oder anderen nicht mehr unterschieden werden kann, ob es sich um ein Computerspiel oder Realität handelt.

III. Online-Sexsucht

Tabuthema Nr.1

Die Sexsucht ist aus medizinischer Sicht eine stoffungebundene Sucht – die aber von unserer Gesellschaft nicht ernstgenommen, sondern oft noch veralbert wird. Im Gegensatz zu den stoffgebundenen Süchten erscheint der Betroffene ja eher »normal«, man sieht ihm nichts an.

Sexsüchtige sind stets auf der Jagd nach dem begehrten Objekt, entwickeln sehr angenehme Gefühle dabei und leben ihre (angebliche) Macht aus. Sobald sie aber zum Zuge gekommen sind, folgt rasch die Ernüchterung, die Enttäuschung und Leere, und das Spiel beginnt von vorn.

(Online-)Sexsüchtige haben stets wechselnde Sexualpartner, auch wenn sie im realen Leben einen festen Partner haben. Sie suchen die schnelle Befriedigung, den Kick des Verführens und die Erregung bis zum Rausch des Höhepunktes. Meist ist das »Objekt der Begierde« danach uninteressant geworden. Online-Sexsüchtige wechseln sehr häufig ihre Benutzernamen, um nicht unter Umständen erkannt zu werden.

Für den Betroffenen selbst, und vor allem für sein soziales Umfeld, wird diese Sucht zu einer großen Belastung. Partner fühlen sich zutiefst verletzt und können die Gründe für das Verhalten ihres online-sexsüchtigen Partners nicht nachvollziehen. Häufig zerbrechen Partnerschaften an diesem Problem. Trotzdem erkennt der Süchtige meist erst den Ernst der Lage, wenn es zu spät ist, das heißt, wenn die Beziehung oder Ehe nicht mehr zu retten ist, weil das Vertrauen zerstört wurde. Meist wird erst dann von den Betroffenen Hilfe gesucht.

Die Online-Sexsucht entsteht wie alle anderen Süchte, nämlich aufgrund von inneren Konflikten, aus Unsicherheit oder Angst. Die Suche nach der Befriedigung wird dann zu einem nicht enden wollenden Kreislauf, um die innere Unruhe zu betäuben, den Trieb zu befriedigen. Die einzige Hilfe aus dieser Sucht ist – wie bei allen anderen Süchten – das Erkennen der eigenen Sucht. Erst dann ist der/die Betroffene bereit, eventuell psychologische Hilfe in Anspruch zu nehmen.

Dass niemand gern darüber spricht, bedeutet noch lange nicht, dass es das nicht gibt: Onlinesex (Cybersex) und die Sucht danach. Ganz im Gegenteil. Gesellschaftliches Tabuthema Nummer Eins unter Onlinesüchtigen ist sicher deren – vielleicht auch manchmal nur zeitweise – »ziemlich ungewöhnliches« Sexualleben, um es harmlos auszudrücken. Ich behaupte, dass gut 90 % der Onlinesüchtigen aus dem Kommunikationsbereich Cybersex in einer mehr oder minder exzessiven Form betreiben, wobei nicht jeder Onlinesüchtige zwangsläufig online-sexsüchtig sein muss, um dies deutlich zu sagen.

Nahezu jeder Internetnutzer aber, der schon einmal in Chats oder Onlinediensten mitgemischt hat, kam bereits – zumindest mit dem Versuch eines anderen, ihn zu verführen – mit Cybersex in Berührung.

Was ist das überhaupt Cybersex?

Cybersex nennt man die verbale Form von Erotik und Sex, die letztlich zur phantasievollen Selbstbefriedigung dient. Es handelt sich um geschriebene Worte, mit denen man versucht, den »Gesprächspartner« sexuell aufzuheizen. Was danach folgt, bleibt ganz und gar Ihrer Phantasie überlassen. Solche Chats müssen übrigens nicht zwangsläufig »unter der Gürtellinie« sein, sondern können durchaus niveau- und dennoch lustvoll sein, das mag dem Geschmack der jeweils Beteiligten überlassen bleiben. In einer aufgeklärten Gesellschaft sollte dies – in einem gesunden Maße – nichts Verwerfliches mehr sein, wäre da nicht die Gefahr, auch von dieser Form der Selbstbefriedigung immer mehr haben zu wollen und somit davon abhängig (online-sexsüchtig) zu werden.

Dabei ist es unerheblich, ob die Abhängigkeit sich auf das Betrachten oder »Runterladen von Sex-Pics oder -Videos« (Speichern von Akt-Fotos oder Videos auf dem Datenträger) oder auf interaktive Sex-Konversation (dirty talk[19]) bezieht. Beides läuft letztlich auf das Gleiche hinaus.

Kölner Stadt-Anzeiger vom 07.03.00
http://www.ksta.de/computer/netzwelt/213854.html:

Etwa ein Prozent der Internet-Nutzer, die im World Wide Web gelegentlich Erotik-Seiten aufrufen, sind zwanghaft auf der Suche nach Cybersex. Dies ergab eine Studie amerikanischer Sexualwissenschaftler, die in der Märzausgabe der Zeitschrift »Sexual Addiction and Compulsivity« veröffentlicht wurde.

Ausgehend von 20 Millionen Menschen, die mindestens einmal im Monat erotische Web-Sites besuchen, schätzen die Wissenschaftler die Zahl der Cybersex-Süchtigen auf 200 000.

Professor Mark Wiederhold von der California School of Professional Psychology in San Diego sprach von einer eher zurückhaltenden, aber dennoch erschreckenden Schätzung. »Dies ist eine riesige Zahl, die wir nicht ignorieren können.« Die Forschergruppe um den Sexualwissenschaftler Al Cooper stufte all diejenigen als zwanghaft ein, die mehr als elf Stunden der Woche auf pornographischen Web-Seiten oder in entsprechenden Chat-Räumen verbringen und die gleichzeitig in einem Fragebogen zu ihren sexuellen Einstellungen hohe Werte aufweisen. Aufgrund der Online-Befragung von 13500 Personen im Frühjahr 1998 kamen Wissenschaftler zu dem Ergebnis, dass Cyber-sex-Sucht mit einer verstärkten Häufung von Problemen im persönlichen Beziehungsumfeld sowie am Arbeitsplatz einher geht.

Fallbeispiele

Um Ihnen einen kleinen Einblick in das Leben von Menschen zu geben, die ein Problem mit Online-Sex-Sucht haben, seien hier einige Fallbeispiele aufgeführt.

 **Online-Sexsucht/Zwanghaftes Herunterladen von Pics**

Hallo zusammen,
es fällt mir (männlich, 30 J.) ziemlich schwer, das zu schreiben, aber ich versuche es trotzdem.

Ich bin seit ca. 9 Jahren auf der Suche nach Sex-Pics[20]. Aber was heißt hier schon, suchen. Ich habe das Gefühl, jedes Bild schon mal gesehen zu haben. Früher hatte ich noch meine Harddisk[21] gefüllt, aber sobald die Daten lokal sind, haben sie keinen Reiz mehr. So kann es vorkommen, dass ich verteilt über einen Zeitraum von mehreren Monaten immer wieder dieselben Bilder ansehe – immer online. Ein Witz ist das!

Tatsächlich hab ich es letzte Woche mal geschafft, zwei Tage offline zu sein; whow! Ich hatte mir zwar geschworen, damit aufzuhören, na ja, konnte ich ja auch – für zwei Tage. Eigentlich weiß ich auch nicht so recht, woher dieser Zwang kommt. Ich habe eine liebe Freundin (und habe auch sonst mit Frauen keine Probleme). Irgendwie ist das ganze so eine Art Voyeurismus, gekoppelt mit Sucht.

Obwohl ich genau weiß, welche Bilder mich erwarten, muss ich es trotzdem wieder ansehen. Interessant dabei ist auch, dass ich mir wirklich alles reinziehe. Auch wenn ich es »uncool« finde. Es ist so wie die Jagd nach dem ultimativen Bild. Nur gibt es das nicht. Na ja, fast nicht: Es kommt alle zwei bis drei Wochen mal vor, dass ich ein faszinierendes Bild finde. Ich rede mir dann ein, dass sich die Sache nun doch gelohnt hat. Speichere ich das Bild jedoch, ist die Faszination weg (auch beim 2. Mal Anschauen ist die Faszination weg, aber ich schau es halt trotzdem nochmals an). Der Gedanke, dass es nur in zweiter Linie um die Bilder geht, drängt sich irgendwie auf.

Ich bin mir da aber trotzdem nicht ganz sicher. Es könnte sich nämlich wirklich um einen Online-Voyeurismus handeln. Im Prinzip macht ja die Jagd nach dem Unbekannten Spaß, das Unbekannte anzuschauen. Zu warten, was nach einem Mausklick wohl erscheint (ja, ich weiß, es klingt sogar für mich seltsam, obwohl ich es gerade geschrieben habe).

Ja, das kommt eigentlich noch dazu: ich weiß, dass mir das ganze nicht gut tut. Ich achte sonst eigentlich sehr gut auf mich: wenig Alkohol, kein Rauchen, ich bin sehr gebildet, treibe sehr intensiv Sport, bin beruflich erfolgreich, kann gut mit Menschen reden etc.

Trotzdem ich also weiß, dass mir die Jagd nach Bildern gar nicht gut tut, tu ich es trotzdem. Gesundheitlich schlägt es sich im Umstand nieder, dass meine Verdauung ziemlich stark leidet. Dies ist wohl ein Problem der inneren Nervosität und eines ziemlich starken Schuldbewusstseins. So ärgere ich mich nämlich, wenn ich mal wieder nicht die Finger von der Sache lassen konnte. Die Schuldgefühle sind aber nicht irgendwie offen, sondern eher im Unterbewusstsein. Und genau dies führt wahrscheinlich auch zu den Bauchschmerzen und den Verdauungsproblemen.

Ich hatte mich bis heute auch nicht getraut, über die Sache zu reden oder zu schreiben, da ich eine Hemmschwelle spüre. Selbst wenn ich es sagen will, verspüre ich eine starke Blockade, da ich Angst habe, auf Ablehnung zu stoßen (obwohl ich fast sicher bin, dass dies bei meinen Kollegen/innen nicht der Fall wäre). Diese Hemmschwelle ist der eine Grund. Der andere Grund ist noch von viel perfiderer Natur: »Eigentlich möchte ich ja gar nicht darüber reden, weil ich sonst aufhören müsste«. Das heißt, jemand könnte mich kontrollieren und mir unangenehme Fragen stellen (mein Umfeld ist leider so, dass es niemand merken kann, obwohl ich eine Freundin habe).

Aber das ist ja wohl die Hauptangst der Süchtigen: ihre Sucht zu verlieren. Auf jeden Fall muss ich sagen, dass gerade diese Erkenntnis mein erster Schritt zur »Heilung« ist. Mit dieser Erkenntnis lässt sich Sucht ziemlich schön charakterisieren. Ich beschäftige mich nun auch seit geraumer Zeit mit dem Gedanken, einen Psychologen aufzusuchen, aber … ich hab einfach Angst. Angst darüber zu reden. Wenn ich so rein objektiv über mein Problem nachdenke, find ich es ja nicht mal schlimm. Ich meine damit, dass ich einen Freund mit diesem Problem auch verstehen würde. Nun ja, auf jeden Fall geht es mir jetzt im Moment schon recht gut (ich muss nur noch den Mut haben, die Meldung abzuschicken ;-).

Wenn Ihr ähnliches durchmacht, lasst es mich wissen.

Antwort auf diesen Artikel:

Hallo M,

ich hab noch nie ein einziges Wort darüber verloren – weder mündlich noch schriftlich. Aber heute tu' ich's einfach. Du machst mir Mut, obwohl ich eine Frau bin, denn weil ich eine Frau bin, erhoffe ich mir auch kein Verständnis. Ich erwarte also eher den Stempel »pervers«.

Eigentlich habe ich heute Informationen über Chatsucht gesucht. Bei verschiedenen Fragebogen wird von einer Dauer von mindestens zwölf Monaten gesprochen, nach denen der Mensch Probleme im Zusammenhang mit dem Internet haben muss, um als süchtig zu gelten. Solange chatte ich aber noch nicht. Also nicht süchtig?

Dann wurde mir bewusst, dass ich eigentlich schon lange ähnliche Probleme habe, nämlich mit Porno-Sites. Dabei war es im Grunde dasselbe wie beim Chatten: Ich suche etwas, das ich wohl nicht finden werde. Dabei verbrauche ich Zeit, Geld (lade auch immer alles neu 'runter, verrückt ist das!), ich setze Job und Beziehungen aufs Spiel.

Dass ich mit dem Einhalten von Chat-Zeiten Mühe habe, wissen meine Freunde. Von Porno-Sites weiß nur ich etwas. Ich schau' mir auch solche Porno-Sites an, die mich im Grunde gar nicht interessieren. Bei mir ist das phasenweise, aber das macht es nicht leichter. Ich habe jeweils das Gefühl, alles im Griff zu haben im Umgang mit dem Internet. Wenn ich dann wieder stundenlang online war, schwör ich mir jedes mal, damit endgültig ganz aufzuhören. Und ich glaub' da auch noch dran!

Ich betone, dass ich nicht von Flirt- oder Sex-Chats rede und dass ich nicht das Gefühl habe, dass ich mit Männern Probleme hätte. Also wie bei dir: ich weiß eigentlich nicht so recht, woher das ganze kommt. Eine Art Sucht, denk ich mal!!!??

Die Schuldgefühle bei Online-Sexsucht sind übrigens etwas, von dem fast alle Betroffenen sprachen, mit denen ich zu tun hatte. Auch ich nehme mich da nicht aus. Meine persönliche Erfahrung ist aber, dass diese Online-Sexsucht oft eher sporadisch auftritt, jeweils in heftiger Intensität, aber nur phasenweise, wobei sich allerdings die Facetten dieser exzentrischen Verhaltensweise verändern und steigern, teilweise auch durchaus in die Perversion abgleiten können, die dem Betroffenen von Hause aus mehr als fremd ist.

Oft fragen sie sich, wo ihre Moral, ihre gute Erziehung geblieben ist, denn während und nach ihren Ausschweifungen dieser Art, können sie oft nicht verstehen, dass sie es waren, die dies alles getan und praktiziert haben.

Doch zunächst einige weitere Bekennerschreiben.

Ich bin online-sexsüchtig

Hallo, im Grunde geht es hier ja um Onlinesucht, aber interessanterweise scheint Onlinesucht oft stark verwoben mit Sexsucht zu sein. Wie ich aus einigen Forenbeiträgen entnehmen kann, scheinen mehrere dieses Problem zu haben und sind sich nicht sicher, wie damit umzugehen ist. Andere raten, was ihnen gerade einfällt, ohne dabei zu überlegen, ob sie die Menschen vielleicht mit dem verletzen, was sie schreiben.

Ich bin der Überzeugung, dass ich süchtig nach Pornographie bin. In meiner Familie lag schon immer eine gewisse Suchtanfälligkeit, stoffgebunden wie z.B. Alkohol oder Medikamente. Doch nun zu meiner Bildersucht.

Mein Bruder legte sich schon sehr früh ein ganzes Archiv von Pornographie an, erst Hefte, dann später CDs mit Internetbildern und Filmen. Und so kam es dazu, dass ich den Kram schnell fand und zu konsumieren begann. Ab diesem ersten Tag bewegte sich meine Sucht von einem Stadium zum nächsten:

Zuerst war es nur ein gelegentliches Konsumieren von Zeitschriften. Darauf folgte dann das Anschauen von Filmen. Später hatten wir ein paar Fernsehsender, die einen dauernd mit sexuellen Reizen berieselten.

In der Zeit fing ich an, mich unkontrolliert zu befriedigen, bis zu sechs, sieben Mal hintereinander, was zu leichten oder mittelstarken Verletzungen geführt hatte. Dann kam ein starker Einschnitt: Ich lernte meine Lebenspartnerin kennen. Nun kam mir zum ersten Mal der Gedanke, damit aufzuhören, weil ich sie vielleicht verletzen könnte. Ich nahm es mir vor und schaffte es nicht.

Dieser Versuch, mich zu kontrollieren, scheiterte mehrmals, es muss an die hundert mal in fünf Jahren gewesen sein. Ich fühlte mich machtlos. In meiner Schulausbildung selbst hatte ich keine Probleme, als ich all diese Erfahrungen mit der Sucht in meiner Familie gemacht hatte. Jetzt aber glaubte ich an eine Charakterschwäche. Ich hatte nie Probleme mit Frauen, ich konnte flirten und hatte Chancen, doch bis zu meiner heutigen Freundin hatte ich nie eine Beziehung. Dies sollte auch ein Symptom sein. Darauf komme ich später zurück.

Irgendwann war es dann an der Zeit, auszuziehen, eine Existenz mit meiner Freundin aufzubauen, wir zogen in ein anderes Bundesland, weit weg von Zuhause. Das einzige Relikt dieser alten Tage war der Computer, den mir mein Bruder geschenkt hatte und auf dem sich noch ein paar Bilder befanden. Ich schwor mir, jetzt an diesem neuen Ort einen Schlussstrich, endgültig und diesmal wirklich unter mein bisheriges Leben zu ziehen. Bis dahin war die ganze Sache auch noch nicht wirklich ein Problem.

Aber es kam viel schlimmer. Von meinem passiven Stadium des Konsumierens glitt ich über in ein aktives Stadium. Es fing an damit, dass ich selber auf die Suche nach Bildern im Netz ging. Dann lieh ich mir einen Film aus, kaufte mir eine Zeitschrift, lungerte in Pornoläden herum, weil ich ja doch kein Geld hatte, mir regelmäßig was zu kaufen. Doch hier in München, in dieser riesigen Stadt, wurde alles noch härter. Ich konnte nicht mehr durch die Uni gehen, ohne »Genitalhopping« zu machen, d. h. auf jeden weiblichen, sexuellen Reiz zu reagieren, obwohl ich das absolut nicht wollte.

Ich verlor den Bezug zu dem, was normal ist und was krank. Das Schlimmste war, dass ich meine eigene Welt vor meiner Freundin baute. Ich war im Internet, sie kam rein und schnell war meine Hose zu und der Rechner aus.

Ich kaufte mir Hefte und schaute sie mir im Keller an. Ich ging in solche echt schmuddeligen Videokabinen. Und ich sagte nie ein Wort.

Sie wusste, dass ich mal Probleme mit Bildern hatte, aber sie glaubte, ich hätte es schon längst im Griff. Doch das Gegenteil war der Fall. Ich war auf dem Weg nach Hause und ein plötzlicher Zwang überkam mich, ich musste jetzt in diese Kabine gehen, ein Heft kaufen, surfen

– weil es heute so ein schwerer Tag war
– weil meine Freundin nicht nett zu mir war
– weil ich finanzielle Probleme hatte.

Ich hatte mir schließlich diesen »Erfolg« verdient. Ich wusste, ich hatte die »normalste« Sache der Welt nicht mehr im Griff, und das war extrem frustrierend. Jetzt bin ich seit zwei Wochen auf Entzug und es ist schwer. Sehr schwer. Was ich mit diesem Artikel beabsichtige, ist Leidensgenossen zu finden. Menschen, die das gleiche durchmachen und die mir mit ihren Erfahrungen helfen können oder denen ich helfen kann. Meine Freundin weiß es jetzt und hilft mir, doch ich würde gern mit anderen Süchtigen in Kontakt treten.

Ich denke, der erste wichtige Genesungsschritt war, die

Sucht zu erkennen und mit meiner Freundin darüber zu reden. Es war als würde mein Leben einen neuen, wunderbaren Sinn bekommen.

Und hier ein Auszug aus einem anderen Bekenntnis.

Online-Sex ist einfacher als realer Sex

Zuletzt fand ich es sehr interessant, dass ich mir in der Zeit meiner Internetsexsucht nicht die Mühe machte, mich um Sexualpartnerinnen zu kümmern. Tatsächlich hatte ich ja immer eine befriedigende Möglichkeit zur Triebabfuhr. Ich sah eine attraktive Frau und mein Gedanke war nicht, wie ich mich ihr nähern könnte, sondern dass ich schnell nach Hause muss, um mich zu befriedigen. Ich habe über Jahre hinweg überhaupt nicht mehr die nötige sexuelle Energie aufgebaut, um eine Sexualpartnerschaft einzugehen.

Genau hier liegt ein ganz böser vermeintlicher Vorteil der Internetsexsucht: Dadurch, dass ich meine Triebe ständig stressfrei abbauen konnte, war ich auch vor den Unsicherheiten und den Verletzungsmöglichkeiten einer Beziehung geschützt. Aber mal ehrlich: Leben ist doch was anderes!

Wenn du es also durch solche und ähnliche Argumente geschafft hast, eine negative Einstellung zu deiner Sucht aufzubauen und aufhören willst, kommt der zweite Schritt: Lege einen Tag fest, vielleicht nächste Woche, vielleicht nächsten Monat, an dem du aufhören wirst, von dem ab du dir auch das klitzekleinste bisschen Pornographie nicht mehr anschauen wirst. Jedes Sexbild ist bereits der Beginn eines Rückfalls. Du musst absolut konsequent sein, und zwar für den Rest der Ewigkeit. Nikotinkonsum ist eine absolut sinnlose Sache und man kann ohne Nikotin völlig unbeeinträchtigt leben. Bei der Internetsexsucht ist das etwas schwieriger, weil ein normaler Mensch sowohl den Computer als auch eine regelmäßige Triebabfuhr braucht.

Könnte man einfach sein Modem wie eine Schachtel Kippen auf den Müll werfen, wäre es einfach, sich von der Sucht zu befreien.

Die Hilferufe und Bekennerschreiben von Online-Sex-süchtigen nehmen in erschreckender Weise zu. Im Internet recherchierte ich zum Thema und musste feststellen, dass es nur sehr spärliche Informationen gibt. Hier ein Auszug aus dem Ergebnis einer Online-Umfrage, das ich für bemerkenswert halte:

Süchtig nach Cybersex

Online-Umfrage von MSNBC.com zeigt Risikofaktoren auf *(von Charlene Laino)*
Quelle: http://msnbc.ilanguage.com/de/health/674836.asp

18. Dezember 2001 — Klicken Sie zum Stressabbau gerne mal Sex-Sites an? Oder haben Sie erotische Cyber-Affären, um Phantasien auszuleben, die Sie im wirklichen Leben ins Reich des Verbotenen verdammen würden? Männer, die auf diese Frage mit Ja antworten, laufen Gefahr, von Online-Sex abhängig zu werden. Dies geht aus einer umfassenden Online-Umfrage hervor, die MSNBC.com unter Besuchern seiner Website durchführte.

Laut Umfrageergebnissen besteht bei Männern, die Online-Sex als Mittel zum Stressabbau verwenden, ein doppelt so hohes Risiko, nach Cybersex süchtig zu werden, als bei anderen Männern. Ähnlich verhält es sich bei Männern, die im Internet sexuelle Abenteuer suchen, von denen sie im wirklichen Leben deutlich Abstand nehmen würden. Gemäß Aussagen des Verfassers der Studie zur

Online-Erhebung, Alvin Cooper, weisen diese Männer ein doppelt so hohes Risiko auf, an zwanghaftem sexuellen Verhalten zu leiden. Alvin Cooper lehrt als Psychologe an der Stanford University und ist Leiter eines Zentrums für Ehe- und Sexualberatung im kalifornischen San José.

Das umfassende Angebot an erotischen Inhalten im Internet scheint jedoch einer Mehrzahl der Männer – und Frauen – eine Möglichkeit zu eröffnen, gefahrenfrei Phantasien auszuleben, zu flirten und (virtuell) intim zu werden, erläutert Cooper, der auch für die Rubrik »Sexploration« von MSNBC.com Artikel verfasst. Und in der Tat belegt die Umfrage von MSNBC.com – laut Cooper die bisher umfassendste Studie zum Thema Online-Sex – dass die Suche nach Unterhaltung der bei weitem wichtigste Grund für die Online-Abenteuer der Umfrageteilnehmer ist. Als zweitwichtigsten Grund für sexuelle Phantasiereisen im Internet führen die Befragten die Sexualaufklärung an, sei es, um neue Stellungen kennen zu lernen, oder um mehr über die Vorbeugung von sexuell übertragbaren Krankheiten zu erfahren.

Als Sexualtherapeut ist Cooper jedoch vor allem an jenen Menschen interessiert, die süchtig sind und Hilfe benötigen. Deshalb analysierte Coopers Expertenteam die über 7000 ausgefüllten Online-Fragebögen und fand dabei nahezu 400 Männer (6,5 Prozent der männlichen Umfrageteilnehmer), die von Cybersex abhängig sind.

Was bedeutet es aber, nach Cybersex süchtig zu sein? Im Rahmen der MSNBC-Studie verwendete Cooper zur Feststellung von Suchtverhalten zwei zentrale Indikatoren: Er fragte danach, ob Umfrageteilnehmer das Gefühl hatten, Online-Sex habe ihnen im wirklichen Leben Probleme verursacht, und ob sie das Gefühl hatten, ihre Internetsuche nach sexuellen Inhalten sei außer Kontrolle geraten. Erwartungsgemäß verbringen süchtige Männer etwa doppelt so viel Zeit mit Online-Sex als die übrigen Umfrageteilnehmer: im Durchschnitt sechs Stunden pro Woche gegenüber drei Stunden bei nicht abhängigen Männern.

»Das bedeutet jedoch nicht, dass jemand, der nur zwei Stunden pro Woche mit Internet-Sexsites verbringt, kein Problem haben könnte, oder dass ein Mann, der mehr als sechs Stunden pro Woche damit verbringt, deswegen schon notwendigerweise ein Problem hat«, erklärt Cooper. »Aber wie auch bei den anderen Risikofaktoren gilt auch hier: Wer mehr Zeit mit Cybersex verbringt, schafft eine immer größer werdende Kluft zwischen dem virtuellen und dem wirklichen Leben.«

(…)

In der jüngsten Umfrage – eine erweiterte und verbesserte Fassung der MSNBC.com-Umfrage zum gleichen Thema im Jahr 1998 – wurden MSNBC-Nutzer ab 18 Jahren gebeten, 76 Fragen über die Art der von ihnen besuchten Sexsites, die Dauer ihrer Besuche auf Sexsites sowie über den davon erwarteten Nutzen Auskunft zu geben. Die Aufforderung zur Teilnahme an der Umfrage erfolgte über ein Pop-up-Menü, das auf dem Bildschirm eines jeden tausendsten Besuchers der MSNBC-Website erschien. Über 7000 zufällig ausgewählte Site-Besucher füllten die Online-Umfrage über einen Zeitraum von vier Wochen im Juni 2000 aus. Unter ihnen befanden sich 384 Männer und 17 Frauen, die die Kriterien für eine Online-Sexsucht erfüllten. Aufgrund der geringen Zahl weiblicher Umfrageteilnehmer analysierten die Forscher ausschließlich die Antworten der männlichen Teilnehmer.

Unter den Umfrageergebnissen können hervorgehoben werden:

Die Suche nach Unterhaltung und Zerstreuung bildet sowohl bei abhängigen als auch nicht abhängigen Cybersex-Freunden den Hauptgrund für den Besuch von Sexsites: 81 Prozent gegenüber 82 Prozent, was keine statistische Differenz darstellt. 57 Prozent der Abhängigen führen den Abbau von Stress als Grund für den Besuch von sexuellen Online-Inhalten an, wohingegen nur 30 Prozent der Nicht-Abhängigen dies als Grund angeben. 43 Prozent der Cybersex-Süchtigen gaben an, sie nutzen das Internet, um sexuelle Phantasien auszuleben, wohingegen dieser Wert bei den übrigen Umfrageteilnehmern nur bei 20 Prozent liegt. Jene Teilnehmer, die kein Suchtproblem haben, nutzen mit deutlich höherer Wahrscheinlichkeit als Cybersex-Abhängige das Online-Angebot an Sexsites zu Aufklärungszwecken (31 Prozent gegenüber 25 Prozent), oder aber um Sexutensilien zu kaufen (12 Prozent gegenüber 6 Prozent).

Bei Personen, die süchtig nach Online-Sex sind, besteht eine drei Mal höhere Gefahr, dass sie im wirklichen Leben an Sexualproblemen leiden (36 Prozent gegenüber 13 Prozent). Unter den Mitgliedern der Gruppe der Cybersex-Abhängigen war zudem die Wahrscheinlichkeit etwas höher, dass sie sich in einer Therapie bzw. in medizinischer Behandlung befinden oder aber zu Fresssucht neigen.

Zu der mit der Analyse der Umfrage betrauten Expertengruppe gehörten unter anderem der Statistiker Robin Mathy von der University of Oxford sowie Eric Griffin Shelley und Dave Delmonico von der Duquesne University in Pittsburgh. Die Studie wurde von der American Foundation of Addiction Research mitfinanziert.

Flucht vor der Wirklichkeit

Laut Einschätzungen von Cooper weisen die Umfrageergebnisse insgesamt auf ein Verhaltensmuster hin, in dem Online-Sexsüchtige auf Cybersex zur Flucht vor der Wirklichkeit zurückgreifen. »Anstatt mit ihrer Partnerin an einem Problem zu arbeiten, leben diese Männer ihre Phantasien in einem Chat-Raum aus. Anstatt Sport zu treiben, um Stress abzubauen, sehen sie sich Sex-Sites an«, erklärt Cooper. »Die Folge davon ist dann, dass Probleme im wirklichen Leben nie richtig gelöst werden.«

Der Therapeut Rob Weiss, ein Experte bei der Behandlung von Sexsucht, weist zudem darauf hin, dass die Folgen einer Online-Sexsucht weitreichend sein können. Obgleich es bei der Untreue im Cyberspace keiner heimlicher Verabredungen in einem entlegenen Hotel bedürfe und die Sorgen um Lippenstiftflecke am Hemdkragen entfielen, werde diese Art des Fremdgehens von den betroffenen Partnern nur zu oft als sehr real empfunden, erklärt Weiss, Autor des Ratgebers »Cybersex Exposed«, einer Studie über die potenziell schädlichen Wirkungen der Sucht nach Cybersex.

Was sollten Sie also tun, wenn Sie feststellen, dass Ihre Online-Liebesabenteuer zunehmend außer Kontrolle geraten, oder wenn Sie, wie einer der Umfrageteilnehmer, bemerken, dass Sie immer mehr schlaflose Nächte online verbringen und »ständig einen weiteren Orgasmus herbeisehnen«? Cooper empfiehlt als ersten Schritt das Gespräch mit einer Vertrauensperson. Sollten Sie danach immer noch das Gefühl haben, auf dem Weg zur Selbstzerstörung zu sein, dann stehen Ihnen weitere Möglichkeiten offen, darunter Betroffenengruppen wie »Sex and Love Addicts Anonymous«, Therapieangebote und sogar Online-Diagnosen zur Selbsthilfe.

Zudem sollte, so die Forderung Coopers, die High-Tech-Branche zusätzliche Initiativen bei der Aufklärung über die Risiken des Besuchs von Online-Sexsites ergreifen. »Bei alkoholischen Produkten und Tabakwaren muss auf der Verpackung ein Hinweis auf die Gesundheitsrisiken angebracht werden«, erklärt er. »Aber niemand warnt die Besucher von Cybersex-Sites vor den möglichen Konsequenzen.«

Fragebogen
Signale für Onlinesexsucht

Um Ihnen einen ersten Anhaltspunkt zu geben, ob Sie ein Problem mit Online-Sexsucht haben, füllen Sie doch einmal diesen Fragebogen aus. Online Sexual Addiction Questionnaire (OSA-Q) D.E. Putnam, 1999

1. Verbringen Sie mehr Zeit als Sie möchten mit sexuellem Material im Internet? ☐ Ja ☐ Nein

2. Sind Sie je dabei ertappt worden, wie Sie sexuelles Material auf Ihrem Computer angeschaut haben? ☐ Ja ☐ Nein

3. Haben Sie sich vorgenommen, Ihr sexuelles Verhalten im Internet zu beenden und haben es dann nicht gehalten? ☐ Ja ☐ Nein

4. Haben Sie sich jemals über sich selbst aufgeregt, dass Sie so viel Zeit mit der Suche nach Sex oder sexuellem Material im Internet verbringen? ☐ Ja ☐ Nein

5. Haben Sie jemals am Computer masturbiert, während Sie Online-Pornographie angeschaut oder Online-Sex mit anderen praktiziert haben? ☐ Ja ☐ Nein

6. Brauchen Sie sexuelle Bilder oder sexuelle Kontakte, die immer anschaulicher werden als diejenigen, die Sie bisher angesehen oder erfahren haben, um den gleichen Grad an sexueller Lust zu erreichen? ☐ Ja ☐ Nein

7. Verlieren Sie das Interesse an bisher angesehener
   Pornographie oder an dem bisherigen sexuellen
   Kontakt mit Online-Partnern und brauchen Sie
   neues sexuelles Material oder neue Kontakte,
   um den gleichen Grad an sexueller Lust
   zu erreichen wie vorher?   ☐ Ja   ☐ Nein

8. Geben Sie Geld für sexuelles Material
   oder sexuelle Kontakte auf entsprechenden
   Web-Seiten aus?   ☐ Ja   ☐ Nein

9. Haben Sie während der Arbeitszeit sexuelles
   Material im Internet angeschaut oder
   online sexuelle Kontakte gehabt?   ☐ Ja   ☐ Nein

10. Hat Ihnen jemals jemand gesagt, dass Sie zu
    viel Zeit vor dem Computer oder im Internet
    verbringen?   ☐ Ja   ☐ Nein

11. Haben Sie jemals Zeit mit sexuellem Material im
    Internet verbracht oder sexuelle Kontakte online
    praktiziert, wenn Sie in diese Zeit auch mit Ihrer
    Familie, mit Freunden oder einem Liebespartner
    hätten verbringen können?   ☐ Ja   ☐ Nein

12. Haben Sie durch Ihr sexuelles Verhalten im Internet
    Probleme mit Ihrer Familie, mit Freunden oder einem
    Liebespartner bekommen?   ☐ Ja   ☐ Nein

13. Wenn Sie nicht online sind, denken Sie dann daran
    wieder online zu gehen, um sexuelle Web-Seiten
    zu besuchen oder sexuelle Kontakte online
    herzustellen?   ☐ Ja   ☐ Nein

14. Haben Sie Sex-Seiten, die Sie regelmäßig darauf hin überprüfen, ob sie aktualisiert wurden? ☐ Ja ☐ Nein

15. Haben Sie versucht, Ihr sexuelles Verhalten im Internet dadurch zu beenden, dass Sie beispielsweise Ihre Favoriten-Liste für Sex-Seiten gelöscht haben? ☐ Ja ☐ Nein

16. Haben Sie versucht, Ihr sexuelles Verhalten im Internet zu beenden und hatten dann den starken Wunsch, es wieder aufzunehmen? ☐ Ja ☐ Nein

17. Haben Sie beim Sex mit einem realen Partner an Personen gedacht, die Sie auf pornographischen Seiten im Internet gesehen haben oder mit denen Sie Online-Sex hatten? ☐ Ja ☐ Nein

18. Haben Sie Kreditkarten-Schulden aufgrund von Gebühren, die Sie im Internet für sexuelles Material ausgegeben haben? ☐ Ja ☐ Nein

19. Schämen Sie sich oder fühlen Sie sich schuldig, nachdem Sie im Internet Pornographie angesehen haben oder sexuelle Kontakte hatten? ☐ Ja ☐ Nein

20. Haben Sie jemals Angst gehabt, man könnte sie beim Masturbieren vor dem Computer ertappen? ☐ Ja ☐ Nein

21. Haben Sie sich je darüber Gedanken gemacht, wie Sie es vermeiden können, dass man Sie beim Anschauen von Internet-Pornographie oder bei sexuellen Kontakt im Internet ertappt? ☐ Ja ☐ Nein

22. Kommen Sie eher zum Höhepunkt, wenn Sie bei Internet-Pornographie oder mit einem sexuellen Online-Partner masturbieren als beim Sex mit einem realen Partner? □ Ja □ Nein

23. Masturbieren Sie bei sexuellem Material im Internet, weil dies für Sie leichter ist, als eine reale sexuelle Beziehung zu finden oder aufrecht-zuerhalten? □ Ja □ Nein

24. Machen Sie sich Sorgen darüber, dass Ihr sexuelles Verhalten im Internet außer Kontrolle geraten ist? □ Ja □ Nein

© Übersetzung: Dr. Martin Zobel, Koblenz (Martin.Zobel@t-online.de)
Abdruck mit seiner freundlichen Genehmigung

Anmerkung: Wenn fünf Fragen oder mehr mit »Ja« beantwortet werden, liegt mit hoher Wahrscheinlichkeit ein Problem mit Online-Sex vor.

Neugier und Steigerung des Verlangens

Du willst bedingungslos gehorchen?

Hallo,
wir sind eine gemischte Gruppe von acht Personen (drei Frauen, vier Männer), welche ab und an willige Subs[22] abrichtet und vorführt. Die Abrichtungen sind hart und extrem und erstrecken sich i.R. über ein Wochenende. Die Grenzen und Tabus werden gemeinsam mit der Sub definiert, wobei unsere Tabu-Schwelle recht hoch angesetzt ist.

97

Bleibende oder nachhaltige Schäden bzw. Verletzungen sind selbstverständlich ausgeschlossen. Wir sind alles seriöse und niveauvolle Menschen zwischen Anfang und Ende 30, die wissen was sie tun und mit beiden Beinen im Leben stehen. Aktuelle Gesundheitszeugnisse liegen selbstverständlich vor. Auch kann gerne ein Vertrag ausgefertigt werden. Alle entstehenden Kosten für Anreise etc. werden auch von uns getragen.

Dieses Angebot richtet sich an die wirklich devote, unterwürfige Sub oder Frauen, die eine besondere Herausforderung suchen, denn das wird es auf jeden Fall.

Wenn du uns (Achtung alles folgende ist als symbolischer Platzhalter zu verstehen) als Fußabtreter, Punchingball, P...becken, F...maschine, Klopapier, Aschenbecher und Hündin zur Verfügung stehen willst – dann erwarten wir deine Mail. Der Ablauf und die Elemente der Abrichtung sind verhandelbar und sollten gemeinsam definiert werden.

Da das ganze absolut ernsthaft und ehrlich gemeint ist, bitte auch nur bei echtem und tatsächlichem Interesse anrufen. Wir werden sehr schnell auf einen Telefoncheck bestehen, um etwaige Fakes[23] zu filtern.

Überlege es dir gut, es wird schmerzhaft, demütigend und ekelhaft.

Sie glauben, das gibt es nicht?

Es ist an dieser Stelle schwer, im Niveau nicht abzurutschen, aber ich denke, diese Facette der Sexualität ist ein Thema, dass vielen Internetnutzern bekannt ist, und ich möchte mit dem Tabu brechen, nicht darüber zu sprechen, denn es gehört einfach dazu.

Als gestandene Frau über Vierzig dachte auch ich, dass ich in sexuellen Dingen nicht ganz unerfahren bin, aber die langen Jahre im Netz haben mich eines Besseren belehrt.

So schrieb mir eine bekennende Online-Sexsüchtige eine E-Mail:

> **Von der Hausfrau zur Sub – zeitweise**
>
> Vor Jahren gelangte ich dann irgendwann einmal in einen Chatroom, dessen Bezeichnung ich eigentlich gar nicht verstand, der aber meine Neugierde weckte. Als weitgehend stille Zuhörerin (besser: -leserin) begriff ich dann aber schnell, dass sich in diesem Raum die – wie soll ich es ausdrücken – »SM-Szene[24]« traf und unterhielt. Was ich zu lesen bekam, konnte ich nicht fassen und war zunächst tief erschrocken. Hier wimmelte es von sogenannten DOMs[25] und SUBs, die sich gegenseitig beherrschten bzw. unterwarfen – virtuell versteht sich. Vieles klang geradezu lächerlich, pervers und abstoßend, anderes wiederum machte mich mehr als neugierig. Ich ging immer öfter in diesen Raum, wo die Gespräche mich zu faszinieren begannen.
>
> Und dann erhielt ich eine erste E-Mail von einem sogenannten »Dom«, der meinen Benutzernamen wohl in der Raumliste gesehen und sich gemerkt hatte. Ich will Sie nicht mit der ganzen Geschichte langweilen, jedenfalls schien dieser dominante Herr sehr nett zu sein, und nach kurzer Zeit telefonierten wir miteinander. Er nahm mir jegliche Angst vor diesem Tabuthema SM und obgleich ich immer noch dachte, mit dieser für mich (!) bis dahin perversen Form der Sexualität nichts zu tun haben zu wollen, verabredete ich mich eines Tages mit ihm – live und real. Ich schwöre, ich war bis zu diesem Tag eine verantwortungsbewusste, ganz normale, dem Sexuellen gegenüber zwar aufgeschlossene, aber in keiner Weise auch nur ansatzweise der Perversion zugeneigte Frau.
>
> Ich erlebte also meine erste Begegnung mit SM. Ich lernte, unterwürfig zu sein, und ich muss ehrlich gestehen, dass es mich in keiner Weise abstieß, im Gegenteil. Oder

redete ich mir das nur ein? War ich denn wirklich devot und niemand hatte es mir jemals klar gemacht? Brauchte ich das Internet, um mich selbst zu entdecken und meine wahren Neigungen kennen zu lernen?

Drei Monate war ich mit diesem Dom zusammen, in denen ich mich bewusst habe erniedrigen lassen. Ich ließ mir den Po verhauen, ich ließ mich mit dem Rohrstock schlagen und mit der Peitsche auspeitschen. Und nichts geschah gegen meinen Willen, obwohl ich eine durchaus emanzipierte Frau bin (glaube ich zumindest). Drei Monate, in denen ich einiges gelernt habe über meine persönlichen Grenzen und mich selbst.

Ich bereue diese Zeit nicht, aber … ich kann es heute nicht mehr verstehen! Ich war süchtig nach dem »Kick«, nach dem »etwas anderem«. Es war eine Phase meines Lebens, mit der ich ohne Internet wahrscheinlich niemals in Berührung gekommen wäre. Heute glaube ich, dass es für mich persönlich nicht schädlich war, auch andere Formen der Sexualität kennen gelernt zu haben, aber dass ich durchaus auch in einer Situation war, in der ich hätte völlig abgleiten können. Einen Teil meiner damaligen Erfahrungen habe ich heute in mein Sexualleben integriert, den eher »soften Teil«, wie ich meine.

Heute habe ich Abstand gefunden, bin nicht mehr in den besagten Räumen und chatte kaum noch. Vielleicht auch aus Selbstschutz, denn damals war ich süchtig nach der Angst, nach der Neugierde und nach dem Umsetzen meiner wildesten Phantasien, die eigentlich im Internet erst geweckt wurden.

In der Tat lernte ich sehr viele Menschen kennen, die einfach hinein glitten in diese Szenerie. Menschen, die den Kick suchen und Dinge mit sich machen lassen, worüber manch einer sehr erschrocken sein mag. Auch die Betroffenen selbst können im Rückblick meist nicht nachvollziehen, was da mit ihnen geschehen ist. In den meisten Fällen beobachtete ich allerdings, dass auch bei ihnen solche Phasen nach einiger Zeit wieder verschwanden und eher sporadisch auftraten, bei anderen wiederum dauerte diese Sucht viele Jahre.

Onlinesex – die unkomplizierte(re) Beziehungsform?

Die sich meist wiederholenden Argumente von Onlinesex-Praktizierenden bzw. – Süchtigen für ihr Verhalten sind:

● Ausleben und Erweiterung der sexuellen Phantasien, was mit dem realen Partner oft nicht gewagt wird oder nicht gewollt ist
● Schneller und jederzeitiger Zugriff auf adäquate Gesprächspartner im Internet, die ebenfalls den dirty-talk suchen, der zur (Selbst-)Befriedigung dient
● Ausleben der Macht über das andere Geschlecht (teilweise werden Wetten abgeschlossen, dass es beispielsweise jemandem gelingt, den anderen innerhalb weniger Minuten »heiß und willig« zu machen)
● Aufgrund der Anonymität und Distanz = keine Beziehungsprobleme, sondern die komplikationslose Möglichkeit der Befriedigung per Mausklick
● Schutz vor Krankheiten bei wechselnden Partnern
● Finanzielle Gründe (das Geld für Pornozeitschriften, Videos, Bordelle etc. wird gespart)
● Vereinfachte Partnersuche (im Vorfeld werden gern sexuelle Gemeinsamkeiten/ Neigungen eruiert)
● »Anheizen« als Vorspiel zum Telefonsex

»» Hallo allerseits,
ich habe folgendes Problem:
Mein Mann surft seit Jahren bei jeder sich ihm bietenden Gelegenheit (allein zu Hause oder wenn er sich sicher ist, dass ihn niemand stört) auf Hardcore Seiten im Internet. Es fing mit den üblichen Sexseiten an, ging dann aber weiter zu Themen wie Sex mit Tieren, Sex mit alten Frauen, Sex mit sehr dicken Frauen und was weiß ich noch. Ich war, als ich es erfuhr (konnte am Rechner nachrecherchieren, was er sich ansah), tief geschockt und unsere Beziehung hat darunter stetig gelitten. Trotz allem machte er ständig weiter und ich stellte einmal die Theorie auf, dass durch die sexuelle Abnutzung der Weg zu immer neueren und »verbotenen« Themen bereitet wird. Wie ich feststellte, ist es nun soweit: Letztens fand ich Cookies[26] von Seiten auf unserem Rechner, wo wirklich sehr, sehr junge Teenager dargestellt waren. Man kann auch sagen: Kinder.

Nachdem ich ihn darauf ansprach, meinte er es sei Neugierde gewesen, ob Kinderpornos wirklich so einfach im Netz zu finden seien. So einfach kann die Erklärung aber nicht sein und er stimmte meiner lange gehegten Theorie der Abnutzung zu. Ich weiß, dass Kinderpornos nicht seine Welt sind, bin aber total verunsichert, ob nicht der Weg dahin führen kann.

Er schlug selbst vor eine Therapie zu machen, hat sich aber innerhalb einer Woche noch nicht darum gekümmert. Ich weiß nicht mehr, wie ich mit dem Ganzen umgehen soll, bin ziemlich fertig und brauche Hilfe! ««

Onlinesexsucht und Partnerschaft

Zu der ohnehin schon schieren Verzweiflung und Hilflosigkeit onlinesüchtiger Partner, spielt bei der Onlinesexsucht vor allem das Gefühl des tiefen »Verletztseins« und des absoluten Unverständnisses eine große Rolle.

Die Ehefrau eines Betroffenen gestand mir unter Tränen, dass ihr Mann jegliche Hemmschwelle und jegliches Taktgefühl ihr gegenüber verloren habe. Sie sei sich durchaus bewusst, dass ihr Mann sexsüchtig sei, auch früher schon, als es noch kein Internet gab, aber seitdem das »Ding« im Hause sei, wäre alles noch viel schlimmer geworden. Sie selbst sei in therapeutischer Behandlung deswegen, sonst hielte sie das alles längst nicht mehr aus. Ihren Mann aber habe sie von der Notwendigkeit, selbst eine Therapie mitzumachen, noch nicht überzeugen können. Damals sei er wenigstens aus dem Haus gegangen, um seinen Sexualtrieb zu befriedigen, heute aber hocke ihr Mann in ihrem Beisein im Wohnzimmer vor dem Internet und mache keinen Hehl aus seiner Erregung. Ehelicher Verkehr finde zwischen den beiden überhaupt nicht mehr statt, sondern ihr Mann würde in der Regel nach seinen Internet-Sitzungen mit der Chat-Partnerin telefonieren. Auch das verheimliche er ihr nicht, ginge aber dazu dann wenigstens in ein anderes Zimmer. Mehrmals hatte sie ihren Mann darauf hingewiesen, dass er ihr auf grausame Art und Weise seelische Schmerzen mit seinem Verhalten zufüge, was ihr Partner aber immer als »hysterisches Getue« abtat, da er ja nicht mehr real fremdginge, sondern sich lediglich einen Anreiz hole.

Ich weiß nicht mehr weiter –
Mein Mann liebt Frauen ohne Gesicht

Hallo liebe Leute!

Es geht um die sexuelle Befriedigung durchs Internet.

Ich schreibe über meinen Mann, der seit über einem Jahr heimlich Sex-Seiten und diverse Chats besuchte. Er hatte Kontakte zu Frauen, die seinen diversen Neigungen (die ich nicht teile) entgegen kamen. Ein realer Seitensprung war die Folge, ein weiterer war in »Planung«.

Nachdem ich ihn zur Rede stellte (ich hatte es zufällig herausbekommen), versprach er mir, mit allem aufzuhören. Er löschte seinen Internet-Namen und alle E-Mails. Ich weiß, das er sich seitdem jeden Tag zumindest immer noch einige wenige Sexseiten ansieht.

Wenn er vielleicht noch nicht onlinesüchtig ist (er kann sehr diszipliniert sein – hat mit dem Rauchen aufgehört etc.), so ist das Internet mit seinen freizügigen, oft perversen Seiten die Verführung selbst. Gerade für Männer und Frauen, die in ihrer Ehe/Partnerschaft nicht die Befriedigung erhalten, die sie sich »erträumen«. Ich muss dazu sagen, dass mir ein Online-Seitensprung – Selbstbefriedigung beim Anblick von pornografischen Bildern – fast genauso wehtut wie der reale Seitensprung, der in seinem Fall durch das Internet »vermittelt« wurde.

Meine Frage ist: Wie schätzt Ihr (die »Experten«) die Lage ein: Wird mein Mann wieder rückfällig? Kann ich ihm vertrauen?

Ich weiß, ich verliere ihn!

Hallo, ich habe schon einige Beiträge gelesen und ehrlich gesagt, ist mir nach dem Lesen erst richtig bewusst geworden, wie ernst das Thema ist und dass auch mein Freund süchtig ist. Ich habe diese Art von Sucht nie gekannt und auch nicht für möglich gehalten, umso mehr tut es weh zu erfahren, dass ich selbst eine Betroffene bin.

Vor ca. zwei Jahren habe ich es herausgefunden, als ich zufällig im Verlauf eine Seite suchte. Da fielen mir die ganzen Sexseiten auf und ich war total schockiert. Ich verfolgte das einige Wochen und fraß meinen Kummer in mich hinein, ohne ihn darauf anzusprechen. Jedes mal, wenn ich morgens das Haus verlassen habe tat er es wieder und so wunderte ich mich auch nicht mehr, dass er kein Interesse mehr an unserem Sexleben hatte.

Er tut es jeden Tag, und wenn ich ihn nun darauf anspreche, streitet er alles ab. Er erfindet irgendwelche Ausreden oder wird verletzend und zornig. Es ist nicht so, dass er irgendwelche Probleme hat, im Gegenteil. Wir haben beide ein sehr ausgefülltes Leben. Zudem arbeitet mein Freund sehr viel und wir haben in unserer Beziehung sonst keinerlei Schwierigkeiten. Wir verstehen uns sehr gut. Ich bin auch keine Frau, die nicht offen für andere Dinge beim Sex ist und auch das habe ich ihm mehrfach gesagt. Anfangs dachte ich, dass sein mangelndes Interesse an körperlicher Liebe mit mir und meinem Äußeren zusammenhängt, aber so ist es nicht. Ich bin 24 Jahre alt und eine sehr attraktive Frau (was nicht eingebildet klingen soll).

Ich habe meinen Freund jetzt mehrfach darauf angesprochen und ihm auch gesagt, dass wenn er damit nicht aufhört, ich mich von ihm trennen werde, weil ich es einfach nicht mehr aushalte. Er sagt gar nichts dazu, sondern schweigt das Thema unter den Tisch und versucht es heimlich zu machen, doch ich bekomme es immer wieder mit – und das fast täglich, trotz der Heimlichtuerei.

Ich weiß nicht mehr, wie ich damit umgehen soll, denn auch ich habe Bedürfnisse und möchte für meinen Freund attraktiv und sexy sein. Ich weiß einfach nicht mehr weiter, denn diese Sache macht unsere ganze Beziehung kaputt, die mittlerweile schon vier Jahre andauert. Mein Selbstbewusstsein hat auch lange Zeit darunter gelitten, doch das habe ich mittlerweile wieder im Griff. Mit ihm reden kann ich nicht, denn er ist so verschlossen und läuft sofort weg oder flippt völlig aus. Er kann auch mit niemand anderem darüber reden, da er ein Einzelgänger ist und nur sehr wenige Freunde hat, denen er aber so etwas nie erzählen würde. Ich will ihn nicht aufgeben, doch wie kann man daran etwas ändern??? Es ist ja völlig normal, dass Männer sich hin und wieder selbst befriedigen oder auch öfter, aber nur per Internet und dann so oft, dass man kein Verlangen mehr nach seiner Partnerin hat???

Ich würde mich sehr über ein Feedback von dem ein oder anderen freuen, denn so langsam wächst mir das über den Kopf. Ich bin froh, diese Seite entdeckt zu haben, auch wenn es anfangs ein Schock war, aber nun weiß ich, dass ich nicht ganz allein bin mit diesem Problem.

Onlinesucht oder Sexsucht?

Hallo, ich bin völlig verzweifelt, habe mich in meiner Ehe 10 Jahre sehr wohl gefühlt, bis wir den Internetanschluss hatten.

Mein Mann sitzt davor und sucht etwas, was ich nicht begreifen kann. Immer nur Sexseiten und E-Mail-Adressen von den Damen aus den Kontaktanzeigen. Ich habe ihn schon mehrmals daraufhin angesprochen, leider immer nur leere Versprechungen bekommen. Er macht es jetzt heimlich, wenn ich nicht da bin. Unsere Telefonrechnung hat utopische Höhen angenommen.

Die Kinder werden nur noch angeschrien, ich werde angelogen. Ich habe oft versucht ihn zu verstehen, alles in Ruhe zu bereden und habe ihn nicht unter Druck gesetzt, aber jetzt weiß ich nicht mehr weiter. Das Ganze geht schon 4 Jahre lang. Ich möchte ihm helfen, aber er lässt es nicht zu. Ich möchte unsere Ehe erhalten, ihn wieder aus seiner Sucht holen, denn er war vorher ein lieber Mann und Vater. Ich habe sogar schon mehrmals das Kabel fürs Internet zerschnitten, aber er zeigt keine Reaktion, repariert es wieder, und es geht weiter. Was kann ich tun? Bitte schreibt mir! Danke.

Mein bester Kumpel ist verloren!?

Hallo an alle,
ich bin sehr besorgt. Mein bester Kumpel chattet eigentlich schon seit über sieben Jahren. Soweit ich weiß seit fünf Jahren in einem Erotik-Chat. Dort hatte er sich vor knapp 5 Jahren verliebt, obwohl er schon seit 18 Jahren fest liiert ist.

Das Problem ist, dass er trotz seiner attraktiven Freundin telefon- sowie onlinesexsüchtig ist. Ich habe heute erfahren, dass er in diesem Monat alleine über fünfzig Stunden in nur einem Chat gesessen hat und mit verschiedenen Frauen beide Sexarten praktiziert und er dies bis zu dreimal täglich kann. Dazu sammelt er auch noch Erotikbilder ohne Ende und verschickt auch Fotos von seinem Penis im erregierten Zustand an Frauen.

Er hat angeblich auch Sex per Webcam[27] und sitzt schon um sieben Uhr morgens, wenn seine Arbeit ihm das erlaubt, vor dem Bildschirm und wartet auf seine morgendliche Sex-Partnerin. Heute am Samstag saß er bist jetzt acht Stunden in diesem Chat. Sobald er das Gefühl hat, hinter einem Frauennick[28] versteckt sich eine Dame, lädt er sie in ein virtuelles Separée ein und dort treibt er dann stundenlang Onlinesex – bis er gekommen ist.

Wenn er 18 wäre würde ich sagen, er muss sich noch austoben, doch wird er nächsten Monat schon 39. Er beschreibt sich auch immer als 180 cm groß, 82 Kilo und einen Penis von 18 x 5. Dabei ist er nur 170 cm groß, wiegt 70 Kilo und seine Freundin meinte mal, dass sein Penis ziemlich klein sei.

Er versteckt dieses Zweitleben vor allen, er bestreitet es sogar. Früher hatte er haufenweise Frauentelefonnummern aus diesem Chat und dachte, er wäre der Hahn schlechthin. Angeblich brennt er nebenbei CDs, formatiert Festplatten oder liest sogar Zeitungen. Seine Freundin weiß aber Bescheid, was er nachts macht, wenn sie ins Bett geht, doch scheint es ihr egal zu sein.

Wie kann ich ihm helfen? Wie kann ich ihn dazu bringen, darüber zu reden. So eine Sucht ist doch nicht normal, oder? Dazu kommt, dass sie immer schlimmer zu werden scheint, anstatt endlich nachzulassen.

Die Web-Cam scheint mir ein immer beliebter werdendes Hilfsmittel für den Onlinesex zu sein. Immer häufiger werden »harmlose Internetnutzer« gefragt, ob sie eine Webcam haben und »ob sie nicht mal zusehen wollen, wie sich der andere befriedigt«. Ein Mann sagte mir neulich, es sei für ihn der besondere Kick zu wissen, dass am anderen Ende eine ihm unbekannte, aber leibhaftige Frau säße, die ihm dabei zusehe. Das alleine würde schon einen unsagbar stärkeren Reiz auf ihn ausüben, als er beim realen Sex mit seiner Partnerin je empfinden könne.

Hier noch ein Bekennerschreiben, das sehr typisch den Verlauf einer Online-Sexsucht wiedergibt:

Hallo Leute,
ich bin auch betroffen und es hat mich sehr gefreut, hier zu lesen, dass ich nicht der einzige bin. Wenn ich die einzelnen Stationen meiner Sucht rekapituliere, kommt es mir alles vor wie ein schlechter Witz: teilweise Onlinekosten von 300 Euro im Monat, körperliche Probleme wie starke Rücken- und Armschmerzen durch 10-stündige Selbstbefriedigungs-Sessions (wenn ich das aufschreibe,

kommt es mir umso bescheuerter vor), viele, viele durchgemachte Nächte, und natürlich bin ich auch einer von denen, die immer härteren Stoff brauchen.

Wenn mir vor zwei Jahren jemand erzählt hätte, dass ich mal auf Fäkal-Pornos stehen würde, hätte ich ihm das sicher nicht geglaubt. Aber so weit ist es leider gekommen. Vor ca. zwei Monaten habe ich meine gesamte Bildersammlung gelöscht. Viele Gigabytes, Tausende von Bildern vernichtet. Ich habe mir vorgenommen, einen »sanften« Entzug zu machen und erst mal wieder ein bisschen runterzukommen. Das heißt:

– keine Bilder mehr abspeichern

– schnell »fertig werden«

– nur noch verhältnismäßig harmlose Pornographie konsumieren, also nichts mehr mit NS[29] und KV[30] wie es im Fachjargon heißt, oder sadomasochistischen Darstellungen.

Zwischendurch habe ich eine dreiwöchige Pause eingelegt, und habe in dieser Zeit keine Minute mit Pornos verbracht und mir kein einziges Bild angesehen. Darauf war ich sehr stolz, immerhin habe ich ungefähr vier Jahre lang fast jeden Tag Pornobilder konsumiert. Nach diesen drei Wochen habe ich eine erfreuliche Feststellung gemacht: Ich bin durch die »Abstinenz« wieder sensibilisiert worden! Das heißt, ich brauche keine extrem harten Bilder mehr, wie es noch bis vor kurzem der Fall war. Trotzdem weiß ich, dass in mir gewisse Hemmschwellen abgebaut sind, und dass ich in meinem beschränkten Rahmen jederzeit rückfällig werden kann.

Im Moment hoffe ich, meinen Pornokonsum weiterhin so einzuschränken, dass er im normalen Rahmen bleibt. Ganz aufzuhören, kann ich mir nicht vorstellen, denn diese Sucht möchte ich mir ganz ehrlich nicht nehmen lassen. In den Stunden, die ich vor dem Computer verbringe, denke ich nicht an meine Sorgen und Probleme. Alkoholiker betrinken sich, um diesen Zustand herbeizurufen, ich surfe. Es war gut, dass ich mir das mal von der Seele schreiben konnte. Mit das Schlimmste an der Pornosucht ist meiner Meinung nach, dass man mit niemandem darüber reden mag. Ich glaube, wenn ich Alkoholiker wäre, dann könnte ich vielleicht irgendwann auch darüber sprechen, es offen zugeben und damit dann leben. Als Pornojunkie ist es für mich undenkbar, einem Therapeuten das alles zu erzählen oder mit meinen Freunden darüber zu reden. Deshalb möchte ich den Betreibern dieser Seite und des Forums auch noch mal meinen herzlichen Dank aussprechen.

Ich denke, dass dieser Bekenner sehr deutlich zum Ausdruck gebracht hat, wie hoch die Hemmschwelle immer noch ist, über dieses inzwischen schon so weit verbreitete Thema zu sprechen. So ganz wird er die Erfahrungen, die er im Internet letztlich mit seiner eigenen Sexualität machte, sicher nie mehr los, und das wird auch für ihn selbst erschreckend und fremd sein. Schließlich ist das, was die – so aufgeklärte und tolerante – Gesellschaft mit »pervers« bezeichnen mag, auch ein Teil in uns Menschen, und irgendwie müssen wir damit umzugehen lernen.

Ich glaube allerdings, dass in früheren Zeiten auch u. a. Alkoholiker und Glücksspieler diese Scham in sich trugen, sich zu ihrer Sucht zu bekennen. Erst als diese Süchte nach und nach »gesellschaftsfähig« wurden, sich Prominente dazu bekannt hatten, die Medien stets darüber berichteten, die »Maschinerie« der Präventions- und Heilungsmaßnahmen einsetzte, wurde es immer leichter zu sagen: *Jawohl, ich bin süchtig. Ich bin ein Alkoholiker* oder *ich bin ein Spieler.* Und in ein paar Jahren wird es so sein, dass viele Menschen auch zugeben können: *Jawohl, ich bin sexsüchtig, ein Pornojunkie oder ich bin onlinesüchtig.* Bei allem Neuen und Unbekannten, das die Gesellschaft nicht versteht, wird zunächst erst einmal aufgeschrien und mit dem Finger auf einen gezeigt, das ist ja auch der einfachere Weg als zu hinterfragen, wie viele Menschen davon wirklich betroffen sind und »warum«!

Diese Scham, die Millionen von uns in sich tragen, die sexsüchtig oder online-sexsüchtig sind, die ihre Grenzen erkunden und kennen lernen, sie vielleicht sogar überschreiten, ist daher zum jetzigen Zeitpunkt wohl »normal«. Mir persönlich erscheint das Abstempeln zur Perversion jedoch typisch für die Heuchelei unserer Gesellschaft zu sein, die angeblich so aufgeklärt und tolerant ist – nach außen. Der Schreiber dieser Zeilen sollte versuchen, seine Erfahrungen mit einer Partnerin auszuleben, die ähnlich empfindet wie er, so dass er sich nach und nach von den virtuellen Anreizen lösen kann. So sehr ich ihn auch verstehen kann, dass er »eigentlich nicht auf diese Sucht verzichten mag« (immerhin bereitet sie ihm Glücksgefühle und Befriedigung), so kann das Endziel für all' diese erlebten Jahre ja doch nur sein, dass jeder real das ausleben kann, was an Sehnsüchten, Veranlagungen und Neigungen in sich selbst entdeckt wurde. Erst dann hat auch eine erlebte Sucht ihren Sinn gemacht. Hier ist Kraft und Mut gefragt, zu sich selbst zu stehen und sich vielleicht ein kleines bisschen über die Reaktionen der Gesellschaft zu stellen.

Jeder Ansatz zu diesem Weg ist Grund, stolz auf sich zu sein, denn es zeugt von Mut und Stärke, über etwas zu reden, das noch ein Tabu sein mag »draußen«. Es kommt aber ganz sicher der Tag, an dem die Betroffenen sich auch einem vertrauten Menschen real anvertrauen können, und oftmals überrascht es dann doch, dass dieses zuvor vermutete Unverständnis gar nicht so groß ist, wie ein Betroffener glaubt.

Wenn Sie die Bekennerschreiben lesen, könnte der Eindruck entstehen, nur Männer seien online-sexsüchtig? Weit gefehlt! Denn zu jedem Mann, der Onlinesex praktiziert, gehört letztendlich auch eine Frau, die das mitmacht! Auch das Streifen oder Ausleben von sogenannten »Perversionen«, von Dingen, über die »man« nicht spricht. Und glauben Sie mir, dass die Frauen sich dabei in nichts unterscheiden. Auch bei ihnen spielen all die Argumente eine Rolle, die Männer für ihr Verhalten anführen.

Wie arm wir Menschen in unserer Welt allerdings sind, wenn wir monate- oder jahrelang mit einer Web-Cam vor dem Computer sitzen müssen, um unser Sexualleben ausleben zu können, statt mit unseren realen Partnern zu kuscheln und sie zu lieben, ihnen unsere Neigungen und Wünsche mitzuteilen, darüber ließe sich lange philosophieren.

IV. Ersteigerungssucht in Internet-Auktions- häusern

 *Warum hat mir niemand gesagt, das Online-Auktionen süchtig machen?*

Zunächst las ich diesen Satz in einem Forum, ohne weiter darüber nachzudenken. Einige Wochen später erhielt ich jedoch den Anruf eines Journalisten, der für die dpa einen Artikel über gerade diese »Onlinesucht« schreiben und meine Stellungnahme dazu einholen wollte – und ich begann zu recherchieren, ob es sich hier um ein ernstes Problem handeln könnte.

eBay[31] ist das wohl größte Auktionshaus im Internet, in dem Millionen von Artikeln online ver- und ersteigert werden. Flohmarkt online sozusagen, nur dass Sie die Artikel eben nicht »live« begutachten können, bevor Sie diese ersteigern. Es ist ein rasant wachsendes Unternehmen, das im Gegensatz zu anderen Internetfirmen konstant schwarze Zahlen schreibt. Vom Micky-Maus-Heft über das Dampfbügeleisen bis hin zum Porsche ist hier wohl für jeden Geschmack etwas dabei, das – wenn man gute Nerven und ein bisschen Glück hat – preiswert (v)ersteigert werden kann. In den Medien war zu hören, das Captain Kirks Kommando-Stuhl aus der Serie »Raumschiff Enterprise« für 265 000 Dollar über das Internet versteigert würde.

Ein Anbieter aus Florida wollte 1999 über das Internet-Auktionshaus eBay sogar seine Niere zum Mindestpreis von 25 000 US-Dollar verkaufen. Bis die illegale Auktion von eBay gestoppt wurde, betrug das letzte Angebot für die Lebend-Nierenspende 5,7 Millionen Dollar.[32]

Sicher ist uns allen längst bekannt, dass es kaufsüchtige Menschen gibt, die sich in finanzielle Schwierigkeiten bringen, aus denen Sie nur schlecht wieder herausfinden. Das Ersteigern und Versteigern im Internet macht aber noch einen ganz besonderen Kick aus, denn es geht ums »Zocken« und nicht zuletzt um ein gewisses Machtgefühl, wenn es wieder einmal geschafft wurde, den bestimmten Artikel für sich zu ersteigern. Einige Internetnutzer haben es sich längst zum Hobby gemacht, preiswert etwas zu ersteigern, das dann direkt zu einem etwas höheren Preis von ihnen wieder versteigert wird.

Jeder Käufer und Verkäufer wird in dem Auktionshaus bewertet, so dass ein/e Interessent/in diese Bewertungen einsehen und sich so ein Bild vom Leumund des Anbieters oder Käufers machen kann. Die Bewertungen werden in Form von (je nach Anzahl der Bewertungen) farblich unterschiedlichen Sternen hinter dem Benutzernamen kenntlich gemacht. Zahlbar ist die Ware in der Regel im voraus, im guten Glauben an die versprochene Qualität der Ware. Sie können bei vielen Auktionen wirklich richtiges Geld sparen, denn oftmals werden sogar noch original verpackte Neuwaren angeboten, für die Sie vielleicht mehr als die Hälfte des eigentlichen Ladenpreises zahlen. Aber Vorsicht: Nicht immer sparen Sie! Jeder Bietende sollte schon in etwa eine Preisvorstellung von dem Artikel haben, den er ersteigern will, sonst zahlt er womöglich durch die »Biet-Funktionen«, in denen man jeden anderen Interessenten überbieten kann, mehr als im (realen) Geschäft.

Hat einen unkontrollierten Bieter erst einmal das »Ersteigerungs-Fieber« gepackt, wird er alles daran setzen, diesen bestimmten Artikel zu bekommen. Oft werden, vor allen Dingen in den letzten Minuten vor Auktionsende, doch noch einige Euros mehr geboten, als man sich eigentlich hatte leisten wollen oder können. Jeder Kauf durch Mausklick ist rechtsverbindlich.

Dabei geht es den Anbietern oft gar nicht um den Artikel selbst, sondern lediglich um den Zuschlag: Experten warnen inzwischen vor einer brisanten Mischung aus Kauf-, Online- und Spielsucht.[33]

Ich fand im Netz natürlich auch zur »Online-Ersteigerungssucht« einen Fragebogen, der auf humorvolle Weise abfragt, was in Wahrheit ein ernstes Problem sein kann:

Du merkst, dass Du süchtig bist, wenn ...

Quelle: http://www.ostfriesenhirn.de/internetsucht.php

- du im Media-Markt den Verkäufer fragst, wo du die Bewertung für den letzten Kauf abgeben kannst
- du zum Frühstück ausschließlich Käsebrötchen isst, die du bei eBay gekauft hast
- eBay für dich eine eigene Kategorie erstellt hat
- du bevor du mit jemand ausgehst, dir seine Bewertungen anschaust
- du Frauen/Männer, die mit dir ausgehen wollen, auf deine »Mein eBay«-Seite verweist
- im Laden einer vor dir einen Artikel für 8 EURO kaufen will, du aber 8,51 EURO bietest
- du vor jedem Supermarkt-Einkauf erst mal im Forum nachfragst, ob der Verkäufer und seine Angebote wohl vertrauenswürdig sind
- du den Besitzer des Tierladens anzeigst, weil er lebende Tiere verkauft
- du alle anderen im Laden für Faker[34] hältst
- du den Typ vor dir fragst, warum er eine Sonnenbrille trägt
- du Artikelpreise im Laden misstrauisch beäugst und befürchtest, dass der Verkäufer ein Pusher sein könnte
- du eine Mail an sicherheit@aldi.de schreibst
- du die Portogebühren der Deutschen Post besser kennst als der Angestellte hinterm Postschalter
- du nicht zur Party von der besten Freundin gehen kannst, weil Auktionen auslaufen
- du jeden unfreundlichen Verkäufer nach dem Namen fragst, um ihn deiner Blacklist hinzuzufügen
- du durch die Wohnung läufst und nur überlegst, was du noch verkaufen könntest
- du freitags zwischen 10 und 12 Uhr vor Langeweile umkommst (Wartungsarbeiten bei eBay und somit keine [V]Ersteigerungsmöglichkeit)

- sich sämtliche Paketzusteller bei Dir heimisch fühlen
- du bei jedem Laden neben der Hausnummer den Stern (Bewertung) suchst und die Kassiererin fragst, ob man die Bewertungen mal einsehen kann
- du jeden, den du kennen lernst, nach seinem eBay-Namen fragst
- an Deinem Briefkasten mindestens 4 verschiedene Namen stehen
- du am Wochenende nichts zu essen zuhause hast, weil alle Lebensmittelauktionen erst nächsten Mittwoch auslaufen
- du eine Krise kriegst, weil du mal einen Tag kein Internet hast
- dein/e Frau/Mann freudestrahlend vom Einkaufen kommt, dir vorzeigt, was sie/er alles gekauft hat und du eine Krise bekommst, weil du das alles bei eBay für nur ein Viertel ersteigert hättest.

V. Die Onlinesucht als Problem am Arbeitsplatz

Arbeitsausfall durch Onlinesucht

Dass das Internet ein Suchtpotenzial birgt, glauben fast 90 Prozent der Angestellten. 41 Prozent geben an, mehr als drei Stunden pro Woche an ihrem Arbeitsplatz zum Privatvergnügen im Internet zu surfen. Dies sind Ergebnisse einer Umfrage zum Thema Internetverhalten, die das Software-Unternehmen Websense bei Taylor Nelson Sofres in Auftrag gab. Das weltweit viertgrößte Marktforschungsunternehmen befragte zu diesem Thema 800 Angestellte in Großbritannien, Deutschland, Frankreich und Italien. Ziel war es, einen tieferen Einblick in die allgemeinen Gewohnheiten und Einstellungen gegenüber der Internetnutzung am Arbeitsplatz zu gewinnen. Im Allgemeinen halten 73 Prozent der Befragten das private Surfen während einer Arbeitspause für angebracht, wogegen der Internetzugang vor und nach den Arbeitszeiten nur für die Hälfte akzeptabel ist. In allen vier Ländern befürworteten fast drei Viertel der Befragten eine Regelung für den Internetzugang am Arbeitsplatz, wobei diese Idee bei Deutschen und Briten am meisten Anklang fand.

Zudem zeigte die Umfrage, dass 52 Prozent der Unternehmen in Europa nichts gegen den Missbrauch der Internetnutzung am Arbeitsplatz unternehmen. Während 62 Prozent der Arbeitgeber in Großbritannien eine Form von Richtlinien zur Internetnutzung einsetzen, sind es in Deutschland nur 47 Prozent und in Frankreich 33 Prozent. Britische Unternehmen sind am aggressivsten, wenn es um die Maßregelung der Mitarbeiter für eine unangemessene Nutzung des Internets geht. Britische Arbeitgeber leiten fünf mal so häufig Maßnahmen ein wie italienische Arbeitgeber und zweieinhalb mal so häufig wie französische oder deutsche Unternehmen.

Entgegen der Pornografiediskussion belegt die Studie,

dass das Internet heute sehr viel breiter genutzt wird. 52 Prozent der Befragten gaben an, über das Internet ihren Urlaub zu buchen. Die Erweiterung des Bildungshorizontes ist für 42 Prozent ausschlaggebend. Virtuelle Shops werden von durchschnittlich 28 Prozent aller Befragten in Europa besucht, 41 Prozent widmen sich ihrem Hobby und 27 Prozent dem Sport. »Die Umfrage zeigt deutlich, dass das Internet einerseits ein wichtiges Business-Tool für Mitarbeiter geworden ist und andererseits ganz klar einen ablenkenden Effekt hat«, sagte Geoff Haggart, European Vice President von Websense. »Unternehmen müssen hier ein Gleichgewicht finden und sich bewusst sein, dass Mitarbeiter nichts gegen eine Regelung des Internetzugangs haben.«

Die Studie »Web@Work 2001« kann über Websense angefordert werden.

Quelle: http://www.aboutit.de/view.php?ziel=/01/14/09.html

Privates Surfen kostet Milliarden

Exponentiell ansteigende Internet-Umsätze bringen die Wirtschaft in Verzückung. Doch das Internet wird in den Firmen nicht nur zum Geschäftemachen genutzt – sondern auch zunehmend für private Zwecke. Von Schäden in dreistelliger Milliardenhöhe ist die Rede. Und von dringend nötigen Kontrollmechanismen.

53 Milliarden EURO sollen der deutschen Wirtschaft jährlich durch die private Internet-Nutzung am Arbeitsplatz verloren gehen. Dieses Ergebnis fördert eine Studie im Auftrag des Düsseldorfer Softwarehauses Sterling Commerce zu Tage. Mehr als 60 Prozent aller Arbeitnehmer mit Netzzugang nutzen selbigen mindestens einmal täglich für Privatangelegenheiten. Um den Aktienkurs der Firma zu checken, an der er beteiligt ist, um Bestellungen zu erledi-

gen, für die nach der Arbeit keine Zeit mehr sind – oder um die neueste Version des Moorhuhn-Spiels herunterzuladen. Allein dafür, so die Studie, würden Kosten von 135 Millionen DM (rund 69 Milliarden EURO) zu Buche schlagen. Pro Mitarbeiter kämen so durchschnittlich 17 Tage Arbeitsausfall zusammen.

Quelle: ECIN, http://www.ecin.de/spotlight/2000/08/25/00295/

Signale für den Arbeitgeber, dass »etwas nicht stimmt«

Private Internetnutzung am Arbeitsplatz ist eine Sache, noch eine andere aber ist, wenn ein Arbeitnehmer auf Kosten des Arbeitgebers während der Arbeitszeit seiner Onlinesucht frönt. Wie aber erkennen Arbeitgeber, ob Mitarbeiter onlinesüchtig sind und ihrem Privatvergnügen nachgehen oder tief in der Arbeit stecken? Das ist sicher nicht einfach, aber einige Anhaltspunkte habe ich aus meiner eigenen Erfahrung hier einmal aufgeführt:

● Die Leistungen/das Engagement und die Loyalität des Arbeitnehmers lassen merklich nach/ Fehler schleichen sich in seiner Arbeit immer häufiger ein (Oberflächlichkeit).
● Der Arbeitnehmer beginnt plötzlich entgegen seiner sonstigen Gewohnheiten, sich an feste Arbeitszeiten zu halten und pünktlichst Feierabend zu machen.
● Er wirkt oft müde und übernächtigt.
● Entgegen früherer Verhaltensweisen ist er immer häufiger krank geschrieben, die Ausfallzeiten nehmen zu.
● Der früher so engagierte Mitarbeiter zeigt ausgesprochene »Unlust« gegenüber seiner Arbeit.

- Der Arbeitgeber beobachtet, dass private Gespräche (in den Frühstückspausen etc.) sich seitens des Arbeitnehmers immer wieder fast ausschließlich rund ums Internet drehen.
- Der Bildschirm ist meist »leer« (Desktop/Bildschirmoberfläche oder häufig gleiche Seite), wenn der Arbeitgeber den Raum betritt bzw. der Arbeitnehmer klickt schnell noch hastig mit der Mouse.

Onlinesüchtige vermeiden tunlichst, beim Chatten während der Arbeitszeit »erwischt« zu werden und entwickeln ein großes Talent, das Dialogfenster mit dem Chat-Bekannten bzw. den Chatroom, die Sex-Seiten etc. unten in der Menueleiste verschwinden zu lassen.

- Der Betroffene nimmt immer seltener an Betriebsfeiern und Zusammenkünften der Mitarbeiter teil.
- Der betroffene Arbeitnehmer kündigt schließlich aus heiterem Himmel oder erscheint unentschuldigt gar nicht mehr zur Arbeit.

Konkrete Lösungsangebote für Arbeitgeber

Präventivmaßnahmen

Im Interesse aller Mitarbeiter sollten Präventionsmaßnahmen getroffen werden. Regelmäßige Mitarbeiterversammlungen und Vorträge mit Fallbeispielen durch erfahrene Medien-BeraterInnen bzw. Therapeuten und/oder Wissenschaftler, die mit dem Thema zu tun haben. Wichtig ist, dass die Betroffenen erkennen, das sie einen Ansprechpartner im Unternehmen haben, dem sie für dieses Problem die notwendige Kompetenz zuschreiben.

Mitarbeiterbefragungen

Es könnten Mitarbeiterbefragungen (in schriftlicher Form) durchgeführt werden, u. a. mit der Frage, ob eine/r der KollegInnen auffällig erscheint (in Gemeinschaftsbüros fällt ein Onlinesüchtiger seinen Kollegen schnell auf). Ein Fragebogen an alle (mit zu erarbeitenden Lösungsvorschlägen der Mitarbeiter selbst), der ausgewertet wird und dem eine breit angelegte Mitarbeiterbesprechung folgt. In vielen Firmen wird das so gehandhabt, anonym, nur die jeweilige Abteilung muss angegeben werden. So hat man eine Chance, zumindest gefährdete oder betroffene Mitarbeiter enger einzukreisen und die späteren Gruppen- bzw. Einzelgespräche besser vorzubereiten.

Gespräche mit dem Betroffenen

Wenn der konkrete Verdacht besteht, dass ein Mitarbeiter betroffen sein könnte, sollten offene Gespräche mit ihm folgen. Dem Betroffenen sollte Hilfe angeboten werden, die gemeinsam erarbeitet wird. Es ist klar, dass er diese Hilfe nicht will, denn ein Onlinesüchtiger wird selten die Onlinesucht eingestehen. Der Arbeitgeber wird aber schnell merken, ob sein Verdacht begründet ist, wenn er dem Arbeitnehmer beispielsweise (wenn auch nur als Kontrollmaßnahme) eine 3 bis 6-monatige Projektphase ohne Internettätigkeit anbietet und dieser den Vorschlag mit fadenscheinigen Argumenten vehement ablehnt. Eventuell ist zu diesem Mitarbeitergespräch eine Fachkraft hinzuziehen (MedienberaterIn).

Ein einsichtiger Betroffener hat mir neulich erst migeteilt, das er selbst seinen Arbeitgeber darum gebeten habe, seinen Büro-Internet-Arbeitsplatz umzufunktionieren in einen Arbeitsplatz ohne Internetzugang. So wurde in dem Unternehmen ein allgemein zugänglicher Internet-Arbeitsplatz eingerichtet. Dies hatte nicht nur den Effekt, dass der Onlinesüchtige während seiner Arbeitszeit keine

Sex-Seiten mehr aufrief, sondern dem Arbeitgeber standen wieder 100% seiner Arbeitskraft zur Verfügung.

Kontrollfunktionen (fakultativ)
Der Arbeitgeber könnte dem Arbeitnehmer eine Protokollführung auferlegen, wieviel Zeit er pro Tag im Internet verbringt. Es könnte als eine Art »Studie« getarnt werden, wie wichtig Internet inzwischen für das Unternehmen geworden ist. Nicht vergessen: Auf dem Frage- bzw. Protokollbogen sollte auch ein Platz für private Internetnutzung vermerkt sein.

Kontrollfunktion (ohne Wissen des Arbeitnehmers)
IT-Mitarbeiter des Unternehmens können glasklar aufzeigen, welche Seiten der Arbeitnehmer aufgerufen hat, wie viele E-Mails er an wen geschrieben hat.

Es gibt inzwischen Überwachungs-Software, die zum Beispiel unter www.protectom.de zu beziehen ist.

Viele Arbeitnehmer aber wissen auch, wie sie eine heimlich installierte Spionagesoftware an ihrem Rechner überprüfen können (kostenlos bei www.elbtec.de/download).

Ein offenes Wort auf beiden Seiten hat hier also immer Vorteile.

Onlinedienste
Die Notwendigkeit der Installation von Onlinediensten und Chatprogrammen sollte überprüft werden. Jeder Arbeitnehmer verfügt über den Internet-Explorer oder den Netscape Communicator, mit dem er ins Internet gelangen kann. Ob es daher zwingend notwendig ist, dass zusätzliche Onlinedienste auf den Bürorechnern installiert sind, ist eine Überlegung wert.

Firewalls
Erfahrene IT-Mitarbeiter arbeiten mit Firewalls und kön-

nen z.B. das Einloggen in Chatrooms damit weitgehend unterbinden, bzw. andere Kontrollfunktionen einbauen.

7-Stufen-Plan

Aus bewährter Suchtprävention am Arbeitsplatz ist dieser 7-Stufen-Plan bekannt. Mit dem Betroffenen finden insgesamt 7 Schritte und Gespräche statt, wobei dem Arbeitnehmer bestimmte Sanktionen drohen, wenn er gewisse Veränderungen in seiner Verhaltensweise nicht aufzeigt. Sollte das Ziel nicht erreicht werden, droht dem Arbeitnehmer im 7. Gespräch letztlich die Kündigung durch den Arbeitgeber, was ihm aber zu Beginn dieses Programms schon klar ist.

Letztlich aber ist wohl das Vertrauensverhältnis, das ein Arbeitgeber zu seinen Mitarbeitern hat oder eben nicht hat, entscheidend. Bis ein Alkoholabhängiger entlarvt ist, bedarf es auch einer langen Vorlaufzeit und meist wird das Problem leider erst erkannt, wenn es zu spät ist. Süchtige gehen nun mal in der Regel nicht von sich aus auf die Vorgesetzten zu!

Ich habe von einigen großen Firmen erfahren, dass die Personal-/Sozialabteilungen teilweise im Rahmen ihres Sozialplans betroffene Mitarbeiter durchaus schon in eine stationäre Therapie einer Klinik schickten, die bereits Theraphie-Erfahrung mit Onlinesüchtigen hat.

Wichtig ist, dass alle Mitarbeiter wissen sollten, dass das Problem Onlinesucht auch in dem jeweiligen Unternehmen erkannt wurde, es ernst genommen wird, und es einen Ansprechpartner dafür gibt. Die Arbeitnehmer sollten wissen, dass ihnen mit Therapieangeboten (leider gibt es noch viel zu wenige) geholfen wird.

Das Arbeitsgericht in Wesel hat mit einem Urteil vom 21.03.2001 entschieden, dass eine private Nutzung bis zu 100 Stunden pro Jahr während der Arbeitszeit, keine fristlose Kündigung rechtfertigt. Die Begründung: Passt dem

Chef das Surfen nicht, muss er es zuerst einmal ausdrücklich verbieten und einen Verstoß per Abmahnung rügen. Andernfalls kann der Arbeitnehmer sogar davon ausgehen, das die private Nutzung geduldet wird.

(AZ: 5 Ca 4021/00), im Internet unter
http://www.jurpc.de/rechtspr/20010214.htm

Vielen Arbeitgebern ist auch nicht bewusst, das ihre Angestellten durchaus eine Art Gewohnheitsrecht erwerben, wenn der Chef von der privaten Nutzung des Internets während der Arbeitszeit weiß und darauf nicht reagiert.

VI. Der Weg zurück in die Realität

Was können Betroffene tun?

Eine ehemals Betroffene beschreibt ihre Vergangenheit so:

> *Online-Chatsucht ist, als lebst du in einem »Zirkus der Eitelkeiten«. Aber wenn der Zirkus weiterzieht, bleibt nur schmutziges Sägemehl, wo einst die Manege war. Und dann ist Aufräumen angesagt!*

Nicht jeder Betroffene wird den Mut haben, sein ganzes Leben zu ändern und einen kompletten Neuanfang zu wagen, so wie ich es seinerzeit tat. Aber ich denke, das ist auch nicht zwingend notwendig. In Zusammenarbeit mit anderen Betroffenen habe ich einige Tipps zusammengetragen, die erste Anhaltspunkte geben sollen, was man selbst unternehmen kann, um von der Sucht loszukommen. Sollten diese Maßnahmen nicht greifen und/oder keinen langfristigen Erfolg bringen, ist es aber in jedem Fall ratsam, einen Psychotherapeuten aufzusuchen, der sich mit der Therapie von Onlinesüchtigen auskennt. Allgemein gilt aber für jeden Betroffenen: Süchtige müssen die **Ursache**, nicht die Symptome kurieren.

11 Tipps:

- Entfernen Sie die Computer aus dem unmittelbaren Wohnbereich.
- Erstellen Sie einen Tages- und Wochenplan für Ihre Online-Sitzungen.
- Reden Sie offen über Ihr Suchtproblem.
- Schränken Sie Ihre Onlinezeiten ohne völligen Verzicht sehr diszipliniert ein.

- Installieren Sie sich Sicherheitsprogramme, die Ihnen nur bestimmte Online-Zeiten erlauben.
- Finden Sie ein neues Hobby oder frischen Sie ein altes wieder auf.
- Hinterfragen Sie sich genau und stellen Sie fest, was Sie genau im Internet suchen (und finden?), das Sie in der Realität nicht haben!
- Sie sind als Onlinesüchtiger von Hause aus ein kommunikativer Mensch. Also schreiben Sie Ihre Erlebnisse nieder, Sie verarbeiten durch das geschriebene Wort eine ganze Menge und erkennen dadurch oftmals erst bewusst Ihr Fehlverhalten.
- Verabreden Sie sich mit Ihren Online-Bekanntschaften nicht online, sondern offline.
- Wenn Sie es allein nicht schaffen, Ihre Abhängigkeit zu besiegen, suchen Sie einen guten Therapeuten auf.
- Wenn Sie sich (noch) nicht trauen, einen realen Therapeuten aufzusuchen und Sie vielleicht noch gar nicht wissen, ob dies für Sie notwendig ist, nehmen Sie die Möglichkeit der anonymen Online- oder Telefonberatung in Anspruch (www.onlinesucht-hotline.de).

Vor allem Punkt 3, das offene Reden über das Suchtproblem, kostet wohl die größte Überwindung. Ein Onlinesüchtiger fühlt sich als Außenseiter und wird auch heute leider noch allzu häufig belächelt von einigen Unwissenden. Doch war es für mich sehr überraschend, dass – je ernster ich mein Problem vor einer Personengruppe vortrug – immer mehr Menschen für das Problem Verständnis zeigten. Plötzlich dachten sie nach, und es ist fast immer davon auszugehen, dass jeder irgendwo im Bekannten-, Kollegen- oder Freundeskreis jemanden kennt, der ein ähnliches Problem hat. Betroffene können somit ernsthaft dazu beitragen, nicht nur sich selbst, sondern auch anderen Menschen zu helfen.

Sie hat es geschafft:

» Hallo,
ich bin Y., 37 Jahre alt, seit zwölf Jahren verheiratet,
(bisher keine reale Affären gehabt) und habe zwei
Wunschkinder.

Ich bin seit ca. zwei Jahren im Netz und es war bis vor ein paar Monaten extrem bei mir: Ich chattete meist nur mit einem »Single-Mann«, meinem sog. »Netzherz«. Das ging so weit, dass meine Ehe noch schlechter wurde und darunter litt, und ich dachte wirklich über eineinhalb Jahre lang, das online sein wäre »die Erfüllung« – das Netz und er, mein Chatherz »der perfekte Mann« fürs Leben.

Real ging ich kaum noch weg, denn ich wollte ja nur noch am PC sitzen, rumhängen und Nächte online mit ihm verträumen. Alles andere Reale wurde in Eile erledigt wie z. B. Einkäufe, Kochen, Schulveranstaltungen, usw.

Mein Haushalt litt teilweise darunter und ich vernachlässigte langjährige reale Kontakte und alte Gewohnheiten mit meinem Ehemann, wie z. B. Ausflüge, Unternehmungen zu zweit usw.

Mein Mann wollte nichts Großes dagegen einwenden, gegen mein Hobby, und er meinte auch, bevor er mir das ganz verbietet und ich ihm in der Ehekrise dann noch weglaufe, sei es vielleicht besser, mich diese neuen »Reize« ausleben zu lassen – und früher oder später würde ich merken, was ich wirklich will und was mir primär wichtig ist.

Oft bekam ich durch das Netz das Gefühl, dass ich einfach durch meine Ehe und meine beiden Kinder zu eingeengt war. Die Kinder wurden mir manchmal einfach zu viel und ich fieberte dem Abend entgegen, wo ich online gehen konnte und einfach meine Ruhe dabei hatte. Ich war gereizt, nervös und wollte oft alleine sein.

Ich dachte über ein Jahr fast nur noch ans »Netz« und als wir »immer seltener« zu viert real etwas unternahmen, fühlte ich mich nicht so wohl dabei und dachte an meine Mailbox (ob wohl Post drin sei etc.).

Sogar der Sommerurlaub im Jahre 2000 fiel zu 90 Prozent deswegen aus, weil ich nicht drei Wochen am Stück von der Kiste loskam!!

Mein Mann nahm in der Zeit öfter unsere beiden Kinder und ging mit ihnen sportmäßig etwas unternehmen; somit konnte ich ungestört chatten.

Ich war unmöglich!!!!

Mein Ehemann dachte und sagte mir das auch, irgendwann wird frau ihn leid sein – ihren PC und ihr Netz (von meinem »Netzherz« wusste und ahnte er nichts)!

Und mittlerweile, nach eineinhalb Jahren wachte ich auf »Gott sei Dank«, und ich merkte langsam aber sicher, dass ich meine Kinder sehr, sehr liebe und meinen Mann auch – trotz zurückliegender Ehekrise, und ich merkte, dass mir auf der Welt nichts wichtiger ist, als meine eigene Familie zu Hause. Die Geborgenheit, reale Zärtlichkeit und Liebe.

Online sein ist oft verlogen – trügerisch und im realen Leben würde das eh nicht so klappen oder gar ablaufen, wie man sich das mit dem »Netzherz« in netten Stunden am PC erträumte.

Und auch ein »Netzherz« kann sogar online enttäuschend werden – so meine Erfahrung. Er war dann immer öfter müde, wurde schreibfaul – und es kam dann soweit, dass er wegen einer läppischen TV-Seriensendung nach wenigen Minuten Onlinesein den Chat mit mir abrupt beendete.

Auch das ewige Geplänkel von ihm (37 J.) über die süßen Studentinnen, die knackigen 20-jährigen Girls usw., die er im Chat alle »haben« konnte, ging mir dann mit der Zeit auf die Nerven, und ich fragte mich, was er dann von mir noch will, einer in seinen Augen »älteren« Frau. Aber das gerade half mir sehr beim »Aufwachen« aus der Scheinwelt – und ich bin aufgewacht.

Leute – ich kann euch nur sagen, online sein ist Schein-welt – jeder Mensch findet Illusionen, Träumereien schö-ner, aber das reale – was wahres Leben heißt – ist viel schö-ner und zieht an euch vorbei, wenn ihr oft vor der kalten Kiste hockt!

Mein Tagesablauf ist jetzt nicht mehr vom Computer ab-hängig. Oh nein, das ist die »Kiste« beim bestem Willen nicht wert und ich bin froh darum. Im Sommer fahren wir zu viert drei Wochen in den Süden, und ich freue mich rie-sig darauf – auch dass ich endlich wieder in die Realität fand.

Ich will hier nicht behaupten, dass ich nicht mehr online sein werde. Nein – ich bin ab und an noch zum Lesen in meinem alten »Stammchat« und auch mit dem alten »Netz-herz« hin und wieder – aber halt anders als früher – einfach distanzierter und ohne Illusionen oder gar auf der Suche/Jagd nach der Liebe meines Lebens.

Viel geholfen haben mir auch viele teilweise erschüttern-den Berichte einiger Onlinesüchtiger. Ich kann mir gut vor-stellen, wenn Menschen keine Familie, Kinder haben und alleine leben, dass diese Personengruppen nicht so leicht den Weg aus der Onlinesucht oder Scheinwelt finden wer-den. Aber gerade diese Menschen sollten öfter real wegge-hen und die Augen öffnen.

Jeder, der das wirklich will, kann loskommen von der »Onlinesucht« – aber er muss das eben auch zu 100 Prozent wollen!

Was können Angehörige tun und wie werden sie nicht zu Co-Abhängigen?

Wie oft wurde ich von den Angehörigen in den letzten Jahren gefragt, was sie tun können, um ihrem Partner, ihrem Kind zu helfen. Spontan sage ich meist: »Seien Sie konsequent!«, wohlwissend wie schwer dies oftmals ist, aber es scheint der letzte, wirklich wirksame Weg zu sein, wenn alles andere nicht fruchtete.

Der Ehemann einer Betroffenen schreibt:

> Gestern gab's mal wieder Krach, als ich ihr auf den Kopf zusagte, dass sie süchtig sei. Bei ihr gingen alle Klappen runter!! Dann wird kein Wort mehr geredet! Sie hat mir oft mit Scheidung gedroht, aber ich lasse mich nicht mehr erpressen, das ist vorbei. Was mir Angst macht, ist hilflos zuzusehen, wie sie unsere Ehe zerstört. Alles ist wichtig, jeder Husten irgend eines Chatters! Ich habe, bedingt dadurch, dass wir zwei Computer haben, versucht es dadurch aufzuarbeiten, dass ich gemeinsam mit ihr im Netz war, und ich habe festgestellt, dass dies eine gewisse Faszination haben mag, aber mich darin verlieren? Nein, danke!!

Von daher kann ich einigermaßen nachvollziehen, was das Internet mit ihr macht, aber eine Lösung find ich nicht! Wenn ich was sage, bekomme ich zu hören, ich sei eifersüchtig! Das wohl eher nicht, aber ich habe Angst zuzusehen, wie sich ein Mensch, den man liebt, selber zerstört, sich selber egal ist, um in einer fiktiven Welt anerkannt zu werden, das verstehe ich einfach nicht! Worin besteht der Reiz, einen anderen, der auch nur noch fiktiv lebt, auf seinem Weg zu begleiten?

Ist man hier der »Superstar«, der die ersehnte Achtung und Anerkennung erhält? Ich weiß es nicht, meine Frau war ein liebenswerter Mensch, ist sie für mich heute noch, vor deren Leistungen ich große Achtung hatte, aber derzeit bestehen ihre Leistungen darin, ein Star in einer Traumwelt zu sein! Das verstehe ich wirklich nicht! Chatten und all' das mag eine Zeitlang ja Spaß machen, aber was hat das mit »Leben« zu tun? Was nutzt es, dem anderen im Netz zu »helfen« und selber den Bezug zum Leben zu verlieren?

Aus der Praxisarbeit hier einige Tipps, was Sie als Angehöriger ohne therapeutische Hilfe versuchen können:

● Versuchen Sie zu verstehen, was Ihr(e) PartnerIn im Internet sucht und anscheinend findet. Bitten Sie den Betroffenen, Ihnen dies in einem offenen Gespräch zu erklären. Stellen Sie ihn nicht zur Rede, sondern schaffen Sie für dieses Gespräch eine gemütliche, harmonische Atmosphäre. Passen Sie den richtigen Zeitpunkt ab, der sicher nicht gegeben ist, wenn sich der Betroffene gerade einloggt.
● Zeigen Sie deutliches Interesse an der Computer-»Tätigkeit« Ihres Partners.
● Beschaffen Sie sich Literatur zum Thema und stellen Sie diese dem Betroffenen zur Verfügung.
● Machen Sie dem Betroffenen nicht ständig Vorwürfe, denn es verstärkt seine Sucht, da er sich unverstanden fühlt. Das Ergebnis wäre, dass er sich noch weiter von Ihnen entfernt.
● Sagen Sie Ihrem Partner deutlich, wie *Sie* sich an seiner Seite dabei fühlen, dass Sie sich ausgegrenzt vorkommen und dass Sie unter dem Partner- und/oder Kommunikationsentzug leiden. Sprechen Sie aber ausschließlich nur von Ihren eigenen Gefühlen, ohne Vorwürfe gegen den Betroffenen!

- Tauschen Sie sich mit anderen Onlinesüchtigen und deren Angehörigen aus.
- Bieten Sie dem Betroffenen an, ihn zu einem Therapeuten zu begleiten bzw. eine gemeinsame Therapie mitzumachen.
- Bedienen/ beköstigen Sie den Onlinesüchtigen nicht an seinem Rechner (weil er ja noch so viel zu arbeiten hat), sondern halten Sie die Essenszeiten und -sitten wie gewohnt ein, zu denen Sie Ihren Partner dann hinzu bitten.
- Laden Sie mal wieder Freunde ein! Beschweren Sie sich aber nicht in deren Beisein über Ihren suchtkranken Partner, berühren Sie dieses Thema gar nicht. Zeigen Sie ihm ganz bewusst, dass ein »Offline-Leben« auch Spaß machen kann.
- Nehmen Sie den Betroffenen in die Verantwortung. Zeigen Sie ihm, dass er Ihnen wichtig ist und erinnern ihn (und sich selbst) daran, dass Sie sich vorgenommen haben, Probleme gemeinsam zu meistern!

Ein Angehöriger einer Onlinesüchtigen:

>> Ich bin am Ende, meine Tochter hat heute das erste Mal von Onlinesucht gelesen. Das, was sie dadurch erfahren hat, kann sie in jeder Beziehung auf unsere Familie beziehen.

Ich bin der Meinung, dass man zwar im Chat Menschen kennen lernen kann, aber sollte es nicht so ablaufen wie im realen Leben, da dreht sich doch auch nicht immer alles nur um die Freunde?

Jetzt zu euch, meine lieben Kinder, es tut mir so leid, dass ich es so weit kommen ließ. Verzeiht mir bitte, ich habe es zugelassen, dass eure Mutter euch vernachlässigt, ich habe es zugelassen, dass sie euch schlecht behandelt, ich habe es zugelassen, dass sie sich abwendet von uns, ich habe es zugelassen, dass sie uns verleugnet, ich habe es zugelassen, dass sie sich mit diesen fremden Männern trifft! Und meine größte Schuld ist, ich habe euch nicht beschützt! Verzeiht mir bitte, ich habe doch nur geliebt. Doch eines verspreche ich euch, ab heute ist Schluss! Es wird heute gemeinsam eine Entscheidung gefunden und die kann nur so aussehen, dass eure Mutter dieses Leben komplett aufgibt oder uns verlässt!! Ihr werdet euch ab jetzt wieder auf mich verlassen können, meine ganze Kraft und Liebe wird nur noch für euch da sein! Vergebt mir bitte und räumt mir die Chance ein – um euch wieder das Leben zu bieten, das ihr verdient habt.

Ich liebe euch,
Euer Vater

Oft habe ich festgestellt, dass vor allem Angehörige sich in eine Therapie begeben, weil sie der Situation zu Hause mit einem onlinesüchtigen Partner nicht mehr gewachsen sind. Dagegen ist sicher nichts einzuwenden, denn sie lernen so einen besseren Umgang mit dem Betroffenen und sich selbst abzugrenzen. Letztlich ist es aber zwingend erforderlich, den Betroffenen selbst auf den Weg zu bringen, dass er selbst aus der Sucht herausfinden will. Ohne diesen eigenen Willen, hat auch die beste Therapie kaum Aussichten auf Erfolg.

Hallo,
ich bin froh, zu sehen, dass ich nicht die einzige bin, die sich mit diesem Onlinesuchtproblem des Partners 'rumzuplagen hat. Hier finde ich Leute, die verstehen, was man da tagtäglich durchmacht, das tut einfach nur gut. Ihr sagt vollkommen richtig, irgendwann ist die Schmerzgrenze da und man muss der Sache ein Ende bereiten, aber so einfach ist auch das nicht.

Die Aussage, man solle den Partner nicht alleine lassen, er würde einen brauchen, um zu erkennen, dass er süchtig sei, um dann da zu sein, in der Phase der Entwöhnung das macht's einem noch schwerer, weil es einerseits stimmt und andererseits geht man selbst fast drauf!!! Ich weiß nicht, ob Eure Partner arbeiten, aber bei uns ist es halt so, dass auch die Arbeit darunter leidet und ich dann diese Seite auch noch mit abdecken muss, und das trifft mich dann doppelt hart; bin ja keine Millionärin!

Tja, ich halte mich hier auf dem Laufenden. Kämpfen wir als Angehörige halt weiter und lassen uns beschimpfen, wir seien ja unnormal und hätten keine Ahnung, und, und, und.

Hi Leute,

Ich beschäftige mich schon seit Ewigkeiten mit Frauenfragen und auch mit Sucht, und jetzt bedingt durch meinen letzten Partner mit Onlinesucht. Zum einen sind gerade Frauen seit ihrer Kindheit auf Helfen und Erdulden programmiert. In diese Falle geraten auch Frauen, die mit beiden Beinen im Leben stehen. Es ist erwiesen, dass die Männer, wenn sie ein Suchtproblem bei ihrer Partnerin erkennen, sich weitaus eher aus der Affäre ziehen als Frauen. Letztere machen eher die Sucht des Mannes zu ihrem eigenen Problem und versuchen zu helfen.

Zweitens denke ich, dass Onlinesucht wohl denselben Regeln unterliegt wie Alkoholismus. Mein Vater war Alkoholiker und meine Mutter und auch ich sind in die typische Falle der co-abhängigen (Frauen) gegangen: Vertuschen – geheim halten – unterstützen, Hilfe anbieten.

Das Ende vom Lied: Sein Problem wurde unseres, wir waren völlig überfordert, und um es abzukürzen: Er hat sich schließlich umgebracht.

Im Nachhinein wäre es besser gewesen, sich rechtzeitig zu distanzieren und ihn grob gesagt »auf die Schnauze fallen« zu lassen. Das hätte ihm vielleicht mehr geholfen und uns viel Nerven erspart. Dies ist allerdings die gesellschaftlich nicht anerkannte Lösung, wir bekommen noch heute Vorwürfe, wir hätten uns zu wenig gekümmert, aber das sehe ich ganz anders.

Mein letzter Partner war onlinesüchtig, von dem sah ich nur einen Rücken und eine sich bewegende Hand. Ab und zu rief der Rücken nach Essen. Mir ist natürlich auch die Idee gekommen, mich um ihn zu kümmern, so dass er Kontakt zu anderen Menschen bekommt, mal wegkommt vom Rechner usw. Das habe ich aber bewusst nicht gemacht, sondern geschaut, dass ich mein Leben möglichst schön gestalte – das finde ich einfach den besseren Weg.

Letzte Woche ist das darin gegipfelt, dass ich entdeckt habe, dass er mich auch noch mit einer Internetbekanntschaft betrogen hat – natürlich seiner Meinung nach meine Schuld, weil ich es gewagt habe, in den Urlaub zu fahren. Ohne ihn, denn er kann ja den Rechner nicht verlassen.

Den Schuh ziehe ich mir aber nicht an. Er musste am selben Tag noch die Wohnung verlassen, und ich bin froh, dass ich mich im Vorfeld nicht abgekämpft habe, denn sonst wäre ich jetzt völlig fertig.

Momentan ist der Stand so, dass wir noch Kontakt haben und er plötzlich alles einsieht, was ich mir schon lange gedacht habe. Ich weiß aber ehrlich gesagt noch gar nicht, wie es weiter geht. Ich bin ja auch nicht gefühllos und ich mag ihn wirklich, aber die Beziehung darf nicht auf meine Kosten gehen, dazu bin ich mir echt zu viel wert.

Was ich Angehörige von Onlinesüchtigen fragen will, ist:

– du versuchst jetzt deinen Freund/Partner zu unterstützen und ihm zu helfen – aber was macht er für dich?

– hättest du nicht einen gleichstarken Partner an deiner Seite verdient?

– wo ist für dich die Frustrationsgrenze und kannst du noch aussteigen, wenn sie erreicht ist?

– kannst du auch damit leben, wenn für deine ganze Hilfe nie etwas zurückkommt?

Wie gesagt, man sollte sich nämlich nicht nur mit anderen, sondern auch mal mit sich selbst beschäftigen. Vielleicht aber ist mein Weg auch kein Allheilmittel, denn zu Mutter Theresa sagte ja auch keiner, sie solle mehr an sich denken, sondern man hat ihr den Nobelpreis verliehen.

Ich bin selbst unsicher, das ist ja aber auch menschlich.

Einige Wochen später, eine Nachricht der gleichen Angehörigen:

Hi,

ich habe den anderen Weg gewählt und mich vor zwei Monaten von meinem Freund, der so ähnlich drauf war wie all eure onlinesüchtigen Partner, getrennt. Und ich muss dir sagen – mir geht es um 1000% besser. Jetzt muss ich mir keine Gedanken mehr machen, was ich falsch mache und ob es irgendwie an mir liegt. In meinem Job läuft alles viel besser, ich habe wieder viel mehr Kraft und Nerven und würde das im Nachhinein jederzeit wieder so machen. Es gibt auch Beispiele, dass es anders klappen und sich lohnen kann, aber der Weg der Trennung ist auch nicht »verboten«. Wir leben alle nur einmal und sollten uns schon überlegen, ob der Stress überhaupt lohnt.

Erlauben Sie mir noch eine persönliche Anmerkung dazu.

B. hat wahrscheinlich den für sie richtigen Weg gewählt. Dennoch bin ich selbst nicht der Auffassung, dass man betroffene Onlinesüchtige voreilig völlig allein lassen und die Flinte ins Korn werfen sollte, denn ich glaube, wenn es meinen Bekannten damals nicht gegeben hätte, der mir seine Hand reichte und mich nach Berlin holte, dann wäre ich heute noch abhängig vom Internet. Sicher kommt die jeweilige Konsequenz auch auf die Dauer und Intensität der Beziehung an, das sollte man nicht außer acht lassen. Ein Süchtiger braucht die Hilfe eines lieben Menschen, denn sonst reißt ihn kaum etwas aus dem Sumpf heraus. Er hat es schließlich verlernt, reale Hilfe zu suchen oder sich normal in der Gesellschaft zu bewegen.

Andererseits ist es so, dass ein Onlinesüchtiger sehr gut weiß, dass seine Angehörigen meist nur bluffen, wenn sie harte Konsequenzen androhen. Es kommt der Tag, an dem er diese Drohung nicht mehr ernst nimmt und ungestört weiter seiner Sucht frönt. Ich habe sehr, sehr oft erlebt, dass Partner zunächst ihren betroffenen Onlinesüchtigen ernsthaft verlassen mussten, bis dieser aufwachte und endlich etwas gegen seine Sucht unternahm. Meine Tochter damals war konsequent, indem sie sich eine Lehrstelle weit weg von mir suchte. Und sie hat mir damit mehr geholfen als es jeder andere vermocht hätte.

Ich hoffe allerdings für jeden konsequenten Angehörigen, dass es nach dieser Trennung wieder einen Weg gibt, um gemeinsam einen Neuanfang zu finden. Oft ist eine Beziehung nach solchen durchlebten Problemen und vielen offenen Gesprächen wesentlich intensiver und aufrichtiger als vorher. Auch ich bin heute mit meiner Tochter wieder ein Herz und eine Seele, und wir haben in den vergangenen Jahren sehr viel aufgearbeitet. Wir hatten eine Chance, aber die haben SIE auch!

Warum outen sich so wenige Onlinesüchtige?

Immer wieder werde ich von Journalisten angesprochen, ob ich ihnen nicht mit Betroffenen weiterhelfen kann, die über ihr Problem in der Öffentlichkeit sprechen wollen. Nein, das kann ich nicht. Ich kann nur immer wieder Mut machen, den Betroffenen und deren Angehörigen, sich ihrem Suchtproblem zu stellen, denn sonst wird sich in unserer Gesellschaft niemals etwas verändern. Eine Betroffene antwortete mir auf meine Frage, warum sie nicht mit ihrem Problem an die Öffentlichkeit geht, folgendermaßen:

> Gute Frage »warum nicht öffentlich dazu stehen«. Weil »Normale« einen nicht ernst nehmen, einen belächeln, wenn nicht gar lauthals auslachen, vollkommene Intoleranz und Ignoranz an den Tag legen. Und geholfen wird einem sowieso nicht. Das geht los bei Sprüchen »Na, dann unternimm halt mehr mit den Kindern oder putz das Haus mal gründlich durch« bis zu »Schluck doch ein paar Pillen, dann wird's schon wieder« oder auch »genieß es einfach und denk nicht so viel darüber nach«.
> Hab ich noch was vergessen?

Ähnliche Erfahrungen hatte ich anfangs auch gemacht, als meine Onlinesucht öffentlich wurde. Es gab Nachbarn, die sogar die Straßenseite wechselten, als sie mich sahen, und es gab vor allen Dingen in der eigenen Familie heftige und spürbare Ablehnung gegenüber mir und meinem »Outing«. Heute aber, mit einem Abstand von mehr als vier Jahren, hat sich alles relativiert und letztlich hat es mir persönlich sehr geholfen, vieles mit anderen Augen zu sehen und mein eigenes Rückgrat zu stärken, indem ich zu meiner Vergangenheit stehe.

Ich stellte im Internetforum die Frage, was andere User von der generellen Preisgabe ihrer Identität im Internet halten würden. Es könnte doch beispielsweise eine zentral geführte Registrierung geben in Form einer PIN, die hinter dem Nickname sichtbar wäre. Meines Erachtens würde viel Lügerei ein Ende haben, so dass onlinesuchtgefährdete Menschen präventiv vor der Naivität, durch die leider viele Betroffene in die Sucht gerieten, geschützt würden. Mir war klar, dass ich – ähnlich wie mit dem viel diskutierten Fingerabdruck in Ausweispapieren – eine heftige Auseinandersetzung auslöste, aber das war durchaus gewollt. Gingen wir in dieser theoretischen Maßnahme gedanklich ein Stückchen weiter, so könnten auch strafrechtliche Begebenheiten (Handel von Kinderpornografie, Terrorismus, Aufforderung zu Straftaten, etc) gezielter verfolgt werden, wäre da nicht der in meinen Augen etwas übertriebene Schrei nach der persönlichen Freiheit und dem Datenschutz.

Eine Antwort auf mein o.g. Posting[35] lautete:

» Nette Idee!!
Nur einen Haken hat sie…
Was ist mit den Menschen, die sich nicht erlauben können, bekannt zu sein? Glaubst du, hier hätte ein einziger geschrieben, dass er jahrelang die härtesten Pornos angesehen hat? Glaubst du, hier hätte eine Person geschrieben, dass sie jede freie Minute im Netz surft und dort jeden anderen belügt? Oder glaubst du, dass eine einzige Person freiwillig auch nur so eine Seite wie die des Onlinesucht-Forums betreten hätte?? Freiheit ist das höchste Gut auf Erden und muss meiner Meinung nach geschützt werden!!
Allein die sozialen Folgen für Onlinesüchtige bringen normalerweise ja eine vollkommene Isolation der betref-

fenden Person in der Umwelt mit sich. Ich als »Ex«-Süchtiger finde und kehre nun gerade wieder in die Welt der anderen Menschen zurück, und wenn jetzt bekannt werden würde, dass ich XYZ bin, wäre alles zu Ende und ich könnte die junge Pflanze der Menschlichkeit, die gerade wieder am Wachsen ist, vergessen. Ich würde »ausgestoßen« werden, und das Ende wäre glaube ich die Rückkehr ins Netz. Zurück nach Hause … zurück zur Sucht. Zurück zum Ende.

Oder denke an die Folgen in der Arbeitswelt! Mein Studium und die anderen Nebenprojekte wären sofort zu Ende und die Folgen würden die betreffenden Personen wieder tiefer in die Sucht stürzen. Darum habe ich eine anonyme E-Mail-Adresse, die auf keinen realen Namen registriert und nicht zu mir verfolgbar ist, und das bleibt auch so.

Ich bin XYZ, der Süchtige … und wer ich draußen bin, ist hier egal – ich bin einer von Millionen.

Sich zur Onlinesucht zu bekennen, scheint also immer noch ein größeres Tabu zu sein, als zu bekennen: Ich bin ein Alkoholiker – ich bin ein Spieler? Ich denke, dass hier eine abgrundtiefe Scham über das eigene Verhalten eine wichtige Rolle spielt. Scham, weil jemand im Internet so sein kann, wie er »draußen« dazu nie in der Lage wäre?

Berücksichtigen wir diese Ängste, so scheint es wirklich sinnvoll, doch eine Online-Therapie anzubieten, gegen die ich mich während meiner Vereinsarbeit immer gewehrt hatte, weil es so paradox erscheint, Onlinesüchtige im Internet von ihrer Sucht zum Internet befreien zu wollen. Andererseits wird in Amerika u.a. von Dr. Kimberly Young seit Jahren eine solche Online-Therapie angeboten, die auch gute Resonanz erfährt[36]. Obwohl ich jetzt auch eine Beratungs-Hotline (Adresse siehe Anhang) ins Leben gerufen habe, ist mein Ziel nach wie vor, die Betroffenen wieder in die Realität zu integrieren, aber vielleicht kann dies in manchen Fällen tatsächlich nur über den Umweg einer Online-Beratung funktionieren.

Aufklärungsarbeit bei Multiplikatoren

Es ist vielleicht interessant, dass die »Spielsucht« in Deutschland ganze zehn Jahre benötigte, um als Sucht anerkannt zu werden. Damit verbunden sind dann auch erst Fördermöglichkeiten und die Einrichtung öffentlicher Anlaufstellen. Aber ist es einzusehen, dass zehn Jahre lang Betroffene und deren Angehörige Hilfe suchen müssen, bis sie ihnen angeboten wird? Bis dahin sind zig Tausende von Ehen zerbrochen, zig Tausende von Jugendlichen aus dem Arbeitsprozess gefallen und zig Tausende von Kindern vernachlässigt worden.

Insofern ist es notwendig, auch vor der Etablierung der Onlinesucht in unserer Gesellschaft, Aufklärungsarbeit zu leisten. Ob Arbeitgeber in den Betrieben, Erzieher in den Kindertagesstätten, Lehrer in den Schulen oder Mitarbeiter von Jugendeinrichtungen, hier sind Multiplikatoren gefragt, die für das Thema Onlinesucht sensibilisiert werden sollten, um ihrerseits ihre Kenntnisse und Erfahrungen weitergeben zu können.

Des weiteren sind aber auch nach wie vor Bund und Länder in der Pflicht, das Problem zu erkennen und gegen zu steuern. Aber vergessen wir nicht die Provider, die den »**bewussten Umgang mit dem Medium Internet**« fördern und unterstützen sollten! Vergleichbare Maßnahmen sind uns aus der Alkohol-Industrie bekannt, wo die DIFA – Deutsche Initiative zur Förderung eines verantwortlichen

Umgangs mit alkoholhaltigen Genussmitteln[37] – einen hervorragenden Beitrag zur Präventionsarbeit leistet.

Die Schweiz ist uns in dieser Präventionsarbeit durch Provider übrigens weit voraus. Einen ersten Schritt in diese Richtung leisten die beiden großen Schweizer Provider Bluewin AG[38] und Swissonline[39]. Aber auch das Metropolis-Chatsystem[40] hat inzwischen erkannt, dass sich ein Blick über den Tellerrand lohnt. Alle drei Provider richteten in der Chatumgebung auf ihren Portalen einen Link zu Untersuchungen zum Thema Onlinesucht ein, geben so einen wichtigen Denkanstoß und machen den Benutzern die Ergebnisse verschiedener Studien zugänglich. Sie leisten damit einen wichtigen Beitrag zur dringend notwendigen Informations- und Präventionsarbeit und ebnen darüber hinaus den Weg für eine konstruktive Zusammenarbeit im Bereich Internetsucht.

Denkbar wäre auch der Einsatz von **MedienberaterInnen**, die bundesweit in den Schulen, Betrieben und Familien über die Chancen und Risiken des Internet aufklären, vgl. Sucht- und ErnährungsberaterInnen! So könnte beispielsweise ein Referat zum Thema Onlinesucht aussehen:

Teilnehmer: Multiplikatoren in der Jugendarbeit
               Führungskräfte und MitarbeiterInnen
               an computergestützten Arbeitsplätzen
Teilnehmerzahl je Referat: 3–50 Pers.
Dauer: 4–5 Stunden mit anschl. Diskussion
Referenten: Ehemals Betroffene (aus der Praxis),
               Wissenschaftler, Psychotherapeuten
Thema: Was ist eigentlich Onlinesucht und welche
               Zielgruppe trifft es?

a. Aktuelle Zahlen, Fakten, statistische Auswertungen.
b. Fallbeispiele (Berichte von Betroffenen).
c. Hilfsangebote (möglichst auch Nennung von Ansprechpartnern im jeweiligen Unternehmen).

d. Ausarbeitung und Verteilung von Selbsthilfetests und Informationsmaterial.
e. Eröffnung der Diskussion (Fragen der MitarbeiterInnen und des Führungspersonals).
f. Auf Wunsch: Abschließende Besprechung und Planung weiterer Vorgehensweisen im kleinen Kreis (Betriebsrat, Ausbilder, Personal- und SozialabteilungsleiterInnen, ErzieherInnen, Lehrpersonal).
g. Auf Wunsch: Einleitung weiterer Präventionsmaßnahmen im Unternehmen.

Sicherheitsprogramme/ Kindersicherungen

Nur 45 Prozent aller Eltern wissen, wie sie ihre Kinder technisch vor gefährlichen Inhalten im Internet schützen können. (Meldung vom 25.06.2002, Quelle: http://www.heise.de/newsticker/data/anw-25.06.02-006)

Aber Sie können auch sich selbst schützen!

Wer also sich selbst (oder seine Kinder) vor dem Aufrufen bestimmter Internetinhalte schützen und/oder seine Verweildauer im Internet zeitlich begrenzen möchte, kann die entsprechende Software im Internet teilweise kostenlos runterladen. Geben Sie doch dazu in einer Suchmaschine das Suchwort »Sicherheitsprogramm« oder »Kindersicherung« ein, und Sie werden eine Auswahl erhalten. Ein bewährtes Sicherheitsprogramm ist z.B. WinTimer, das Sie als Demoversion im Internet völlig kostenlos erhalten unter: http://www.tss-productions.de/wintimer/index.htm.

Mit einem solchen oder ähnlichen Sicherheitsprogramm können Sie beispielsweise festlegen,

- wie lange und zu welchen Zeiten der Internet-Nutzer den PC benutzen darf,
- ob Downloads[41] aus dem Internet gestattet werden,
- welche Seiten im Internet gesperrt werden sollen (pornografische Inhalte, jugendfeindliche Inhalte),
- ob er Zugriff auf die Systemeinstellungen erlaubt oder verwehrt werden soll,
- ob Laufwerke versteckt werden sollen,
- welche Spiele genutzt oder angewendet werden dürfen,
- ob Sie ein Protokoll einsehen wollen, wann und wie lange ein Benutzer den PC benutzt oder im Internet gesurft hat.

Weitere empfehlenswerte Sicherheitsprogramme finden Sie unter: http://www.salfeld.de oder http://www.kindersicherung.de

Kindersicherung in Onlinediensten

AOL
Kindersicherung bei AOL unter …
Organisieren/ Einstellungen/ Kindersicherung/ Kindersicherung bearbeiten
Hier können Sie mit dem AOL-Hauptnamen folgende Funktionen einstellen:

- Bestimmte Bereiche für Benutzernamen sperren oder einschränken (E-Mail, Telegramme, Web, Chat-Räume, Newsgroups[42], Download, zusätzliche Services wie kostenpflichtige SMS etc., Onlinezeit-Begrenzung).

Die Kindersicherung wird bei jedem Anmelden mit dem entsprechenden AOL-Namen aktiviert.

T-online/ Internet-Explorer

Die Kindersicherung bei T-online lässt sich über den Internet-Explorer einstellen. Sie können den Internet Explorer (IE) so einstellen, dass Benutzer auf bestimmte Internetseiten keinen Zugriff haben. Sie finden diese Einstellungsmöglichkeiten: Menü-Leiste/Extras/Internetoptionen, Register-Karte »Inhalte«

Sie können Bereiche wie Sex und Sprache, Gewalt oder Nacktaufnahmen filtern, und zwar in verschiedenen Stufen von 0 (totale Sperrung) bis 4 (lockere Regelung). Über die Registerkarte »Gebilligte Sites« kommen Sie gezielt zur Freigabe oder Sperrung von einzelnen Internetseiten.

Dazu tragen Sie die Internetadresse der zu sperrenden Seite in die Textzeile ein und aktivieren den Button »Nie« (es erscheint jetzt ein rotes Zeichen). Wenn Sie Seiten freigeben wollen, klicken Sie »Immer« an (es erscheint ein grünes Zeichen).

Wenn Sie diese Filtereinstellungen vorgenommen haben, werden Sie beim Verlassen der Software aufgefordert, ein Passwort festzulegen. Nur wer dieses Passwort kennt, kann die Sperrung von den Seiten wieder aufheben oder verändern. Jeder Benutzer, der über den Internet-Explorer ins Netz geht, wird dann nach dem Passwort gefragt, wenn er die gesperrten Seiten aufrufen will.

VII. Interviews

Das sagen Psychotherapeuten und Ärzte

PRIM. HANS D. ZIMMERL, MD
http://gin.uibk.ac.at/zimmerl

Ist Onlinesucht ein ernst zu nehmendes Thema, oder wurde es einfach nur von den Medien übertrieben und aufgepuscht?

»Onlinesucht« ist in den USA seit 1995 ein durchaus ernstgenommenes Thema und wird seit 1998 auch in Europa von Fachleuten so eingeschätzt. Das Ausmaß, bezogen auf den gesamten Bereich des Internet beträgt ca. 3%, in Chatrooms, wo das Suchtpotential besonders hoch ist, dürfte jeder achte User abhängig sein.

Was versteht ein Experte unter Onlinesucht?

Ich spreche lieber von Abhängigkeit oder »pathologischem Internet-Gebrauch« als von Sucht (dies ist ein 100 Jahre alter Begriff, der sich von »Siechtum« ableitet). Die wesentlichen Merkmale sind: massive gedankliche Einengung auf die »Welt« des Internet, ein unwiderstehlicher Zwang, so oft wie möglich online zu gehen, Kontrollverluste (d.h. man verliert die Kontrolle über das Zeitausmaß des Online-Seins) verbunden mit Schuldgefühlen, negative psychosoziale Auswirkungen (im Arbeitsbereich wie im familiären Bereich) und negative Folgen für die Gesundheit (Vernachlässigung der regelmäßigen Ernährung und des Schlafbedürfnisses, Schäden im Bereich der Wirbelsäule und des Sehapparates), Verleugnung und Verheimlichung des tatsächlichen Ausmaßes gegenüber der Umwelt, psychische Entzugssymptome bei Verhinderung (wie Unruhe, Nervosität, Reizbarkeit, Unkonzentriertheit, Irritabilität) sowie letztlich vielfach gescheiterte

Versuche, aus eigenem das Ausmaß des Internetgebrauches zu reduzieren.

Wie relevant ist diese Thema für Österreich?

Da sich das Internet auch in Österreich rasant ausbreitet, ist die Relevanz offenkundig.

Worin liegt bei einer Onlinesucht der suchtauslösende Faktor?

Aus meiner Sicht sind zwei Faktorenbündel maßgeblich:
1. *die Kombination von Befriedigung des Spieltriebes und Erfüllung des Zuwendungsbedürfnisses einerseits, wie*
2. *die Kombination von Realitätsflucht mit der Möglichkeit, unbegrenzt mit der eigenen Identität zu experimentieren, andererseits.*

Gibt es z. B. für Chat, Online-Shopping, Online-Spiele oder Onlinesexsucht bestimmte Risikogruppen? Ist jeder Intensiv-Nutzer des Internet automatisch süchtig? Unterscheidet sich die Anfälligkeit für Onlinesucht von Mann zu Frau, nach Ausbildung oder Berufsgruppen?

»Sucht« nach Online-Glücksspiel, nach Online-Shopping oder Cyber-Sex sind nach meiner Einschätzung allenfalls durch das Internet hinsichtlich der Zugangserleichterung induziert, bestanden aber grundsätzlich alle bereits früher auch schon.

Bezüglich Chatrooms ist tatsächlich eine originäre, neue Abhängigkeitsform anzunehmen. Als Risikogruppen seien Menschen mit bereits vorbestehenden Abhängigkeiten zu nennen ebenso wie depressive oder narzisstische (=selbstverliebte) Persönlichkeiten-, andererseits spielt auch die soziale Situation eine Rolle (Negativfaktoren wie Verlust des Partners oder des Arbeitsplatzes führen zu größerer Gefährdung).

Soziale Profile hinsichtlich der Gefährdung lassen sich schwer erstellen, da sich die demografische Struktur der User andauernd ändert (Frauen sind stark im Aufholen!) Im allgemeinen ist vor hysterischer Überbewertung der Intensiv-Nutzung zu warnen, gerade Anfänger werden aus Neugierde, aber auch Unwissenheit viel Zeit im Netz verbringen müssen, ehe sie lernen, es effizient zu nützen.

Worin besteht die Gefahr der Online-Chats?

Online-Chats vermitteln den Teilnehmern ein trügerisches Gefühl der Geborgenheit, wie sie ebenso den intensiven User zunehmend von realen Sozialkontakten entfremden.

Dies gilt auch, bedenkt man die Tatsache, dass Chatter sich auch (teilweise) auf Treffen im realen Leben miteinander befassen. Exzessive Chatter zeigen oft eine Verschmelzung ihrer (oft vielfachen) virtuellen Identität(en) mit der realen Identität. Die Oberflächlichkeit der Onlinekontakte kann bei ernsthaften seelischen Krisen gefährlich sein, Selbstmorde von Chattern beweisen dies.

Ist es nicht eigentlich als positiv zu bewerten, dass kommunikationsgehemmte Menschen im Chat oft plötzlich aus sich heraus gehen können?

Bei psychisch gefestigten Menschen ist diese Frage durchaus zu bejahen.

Haben intensive Cyber-Beziehungen einen bestimmten Effekt auf das Real-Verhalten?

Wie schon ausgeführt, tritt oft eine soziale Selbstisolierung ein.

Wie kann man überhaupt erkennen, dass man »dem Internet verfallen« ist? Gibt es bestimmte Symptome für die Onlinesucht?

Wenn man »offline« dauernd fantasiert, was man gerade im Netz versäumt, wenn man entgegen besserer Vorsätze völlig die Kontrolle über die online verbrachte Zeit verliert, deswegen seine Familie vernachlässigt, die Arbeitsleistung sinkt, Schlaf und Nahrungsaufnahme unwichtig werden, wenn man Tausende Gründe sucht und findet, das von der Umwelt kritisierte Verhalten zu rechtfertigen und andererseits es nicht schafft, den Gebrauch einzuschränken, sollte man doch professionelle Hilfe aufsuchen.

Was kann ein vermeintlich Betroffener tun? Gibt es in Österreich bereits Behandlungsmethoden? Gibt es Selbsthilfegruppen in Österreich?

Ein Betroffener sollte zur Abklärung der Frage, welches seelische Problem zu Grunde liegt, psychiatrische bzw. psychologische Beratung aufsuchen. Die anzuwendende Methode der Behandlung wird sich am Grundproblem orientieren. Als 1. Anlaufstelle in Österreich bietet sich die Ambulanz des Anton-Proksch-Institutes an (täglich von 9–11 Uhr beim Ambulanzleiter). Sollten sich geeignete Betroffene dort finden, würde auch die Gründung einer Selbsthilfegruppe nach deutschem Vorbild gefördert werden.

Wie schätzen Sie die zukünftige Entwicklung dieses brisanten Themas ein?

Eine abschließende Einschätzung der weiteren Entwicklung ist derzeit verfrüht – es müssen noch weitere Langzeituntersuchungen durchgeführt werden, um die Entwicklung genauer beschreiben zu können. Da das Internet allerdings noch immer stark im Wachsen begriffen ist, und dadurch täglich neue Bevölkerungsschichten erreicht werden. ist mit einem Abflauen der Thematik nicht zu rechnen. Abschließend möchte ich aber festhalten, dass sowohl eine Bagatellisierung, als ebenso eine hysterische Dramatisierung verfehlt sind. Das Internet bietet überwiegend Vorteile. Wenn Menschen es zur Kompensierung von Defiziten missbrauchen, ist ihnen professionelle Hilfe anzubieten. Den herkömmlichen Medien ist eine seriöse, unaufgeregte Berichterstattung darüber abzuverlangen.

Interview mit Franz Eidenbenz
(Offene Tuer Zuerich, http://www.offenetuer-zh.ch)

Herr Eidenbenz, Sucht ist ein Begriff, den man normalerweise mit Alkohol oder Drogen in Zusammenhang bringt. Sie selbst begleiten nun in der Schweiz eine Selbsthilfegruppe «Onlinesucht». Was ist darunter zu verstehen?

Onlinesucht ist eine Abhängigkeit, die zu den nicht-stofflichen Abhängigkeiten, wie zum Beispiel Spielsucht, zählt. Hauptsächlich tritt sie beim Chatten auf, wobei auch das exzessive Betrachten von Sexseiten, das endlose Spielen von Online-Games und das stundenlange Surfen im Internet unter den Begriff fallen können. Onlinesüchtig ist jemand demnach dann, wenn die virtuelle Welt in seinem Leben einen immer wichtigeren Platz einnimmt – die Tendenz zu immer größeren Konsum ist für eine Sucht typisch –, oder wenn beispielsweise Entzugserscheinungen auftreten und die betroffene Person es vermeidet an Orte zu gehen, wo sie längere Zeit nicht chatten oder surfen kann.

Heißt das nun auch, dass sich Online-Sucht für Außenstehende ähnlich wie andere Süchte manifestiert?

Als Außenstehender wird man vor allem bemerken, dass sich Betroffene zurückziehen, den realen Kontaktmöglichkeiten ausweichen und, mit dem Argument, dass sie keine Zeit oder viel Arbeit hätten, dauernd am Computer sitzen. Als erstes werden natürlich Partner oder Kinder unter sol-

chen Verhaltensweisen zu leiden haben; wobei es für die Betroffenen nicht einfach ist, das Problem als solches zu erkennen ohne es zu verharmlosen. Hier liegt auch der erste wesentliche Schritt einer Therapie bei dem Angehörige sehr hilfreich sein können: ein Betroffener muss sich zuerst einmal eingestehen, dass er den Konsum nicht mehr im Griff hat. Damit ergibt sich erst die Bereitschaft für eine Veränderung. Online-Sucht heisst folglich, dass sich der Lebensmittelpunkt vom realen Leben – vom »real life« – ins virtuelle Leben im Internet verschiebt.

Wo liegen die Gründe für ein solches Verhalten?

Häufig ist es so, dass die Süchtigen im Netz einen Kontakt suchen, den sie im realen Leben nicht bekommen. Einerseits sind sie wirklich einsam; andererseits können es aber auch Menschen sein, die in Beziehungen leben, in denen sie sich innerlich einsam fühlen und sich mit ihrem Umfeld nicht auf eine befriedigende Art und Weise austauschen können.

Was ist nun die Faszination oder Anziehung des Netzes?

Das Netz bietet eine ideale Möglichkeit jederzeit, einfach, anonym und ohne groß Hemmungen überwinden zu müssen mit anderen Menschen in Kontakt zu treten. Man kann sich selber so darstellen, wie man sich das immer gewünscht hat, sich ein »Traumgegenüber« aufbauen und sich natürlich auch verlieben. Es kommt nicht dazu, dass man mit seinen Aussagen oder seinem Verhalten konfrontiert wird, da man jederzeit die Möglichkeit hat sich wieder auszuloggen.

Dennoch wird man von den anderen Chat-Teilnehmern auch gefordert. Sprich: Man muss aktiv am Chat teilnehmen, wenn man die Kontakte, die man sucht, auch haben will. Liegt darin der Unterschied der Onlinesucht zu anderen Süchten?

Das ist ein Aspekt, wobei man sagen muss, dass auch Alkoholiker mit ihren Saufkumpanen Kommunikation pflegen. Aber es ist schon so, dass die Online-Süchtigen im Gegensatz zu anderen explizit Kommunikation suchen.

Ist die Tatsache, dass Menschen miteinander kommunizieren nicht ein positiver Aspekt?

Das ist in der Tat einer von verschiedenen positiven Aspekten. Indem man lernt Wünsche und Vorstellungen spielerisch zu formulieren, eröffnen sich neue Erfahrungsmöglichkeiten. Das Problem dabei ist nur, dass es einem Teil der Chatter nicht gelingt, diese Erfahrungen wieder in die Realität zu übertragen. Für sie ist die Realität nach Monaten bis Jahren – in denen sie den größten Teil ihrer Freizeit im Netz verbringen – schwer auszuhalten, so dass sie den Ausstieg nur mit großen Anstrengungen schaffen. Ziel muss es deshalb sein, eine Kultur im Sinne von mehr Wissen und Bewusstsein über die Möglichkeiten und Gefahren des Internets aufzubauen.

Wer ist gefährdet?

So viel wir wissen, sind alle Berufsgruppen und sozialen Schichten betroffen – vom einfachen Arbeiter bis zum Akademiker; ebenso junge Leute vom Schüler über den Lehrling bis zum Studenten.

VIII. Aus der Wissenschaft

Deutschland

In Deutschland liegen die ersten Daten aufgrund wissenschaftlicher Studien vor, von denen ich Ihnen die wichtigsten Erkenntnisse auszugsweise hier vorstellen möchte. Den Link, unter dem Sie die Vollversion der Studien im Internet nachlesen und abrufen können, füge ich jeweils bei.

Internetsucht – Jugendliche gefangen im Netz

Erste Studie von der Humboldt-Universität Berlin
(André Hahn und Prof. Dr. Matthias Jerusalem)
http://www.onlinesucht.de/internetsucht_preprint.pdf

Im Rahmen einer internetbasierten Online-Umfrage (www.internetsucht.de) wurden 8266 Personen befragt, die 158 Fragen zu beantworten hatten.

Insgesamt erfüllen 3,2 Prozent der Befragungsteilnehmer das formulierte normative Kriterium der Internetsucht. Diese Gruppe verbringt durchschnittlich 34,6 Stunden pro Woche online im Internet. Weitere 6,6 Prozent mit einer durchschnittlichen Onlinezeit von 28,6 Stunden pro Woche wurden als Risikogruppe klassifiziert. Die Gruppe der unauffälligen Internetnutzer nutzt das Internet nach eigenen Angaben durchschnittlich 7,6 Stunden pro Woche.

Die Rate der Internetabhängigen fällt stetig von 10,3 Prozent in der Gruppe der unter 15-jährigen auf 2,2 Prozent in der Gruppe der 21- bis 29-jährigen. Gleichzeitig deuten sich differenzielle Geschlechtsunterschiede innerhalb der Altersgruppen an. Bis zum Alter von 18 Jahren sind Jungen im Durchschnitt doppelt so häufig wie Mädchen unter den Internetabhängigen auszumachen. Dieser Unterschied kehrt sich jedoch ab dem Alter von 19 Jahren überraschend um. Mit zunehmenden Alter sind proportional zur Gesamtzahl der Internetsüchtigen der jeweiligen Altersgruppe vermehrt Frauen betroffen.

Schweiz

Phänomen Internetsucht

Studie der Offenen Tür Zürich in Zusammenarbeit mit der Humboldt-Universität Berlin
http://www.offenetuer-zh.ch/Studie Internet-Sucht.html

Ausgehend von einer anonymen Online-Erhebung, an der 565 Internetnutzerinnen und -nutzer teilgenommen haben, müssen 6 Prozent der Befragten als süchtig oder gefährdet eingestuft werden. Süchtige verbringen durchschnittlich 35, Gefährdete 20 Stunden pro Woche auf dem Netz. Von den Abhängigen sind rund 2/3 unter 20 Jahre alt, rund 2/3 sind männlich und knapp 2/3 ohne feste Beziehung. Jugendliche gehören zur Risikogruppe. Negative soziale Auswirkungen privat und im Beruf sind die Folgen.

Die Ergebnisse decken sich im Wesentlichen mit der deutschen Studie der Humboldt-Universität Berlin mit über 8000 Befragten. Unter den über zwei Millionen Menschen, die im Januar 2001 in der Schweiz das Internet genutzt haben, befinden sich somit nach zurückhaltender Einschätzung über 50 000 Internet-Süchtige oder -Gefährdete. Präventive Maßnahmen und weitere Untersuchungen, um das genaue Ausmaß des Phänomens zu ermitteln, drängen sich auf.

Österreich

Internetsucht

Eine Studie von Primarius Dr. H.D. Zimmerl, MD und B. Panosch, MD, Wien, 06-07-1999
http://gin.uibk.ac.at/gin/sachthema/gin.cfm?nr=11269

Diese Online-Umfrage erfolgte im Metropolis-Chatsystem. Es wurden im bestimmten Zeitraum 519 Bögen ausgefüllt, wovon 473 verwertet werden konnten. Die Gliederung des Fragebogens umfasste einen soziodemographischen Teil, des weiteren ein Kapitel zu Fragen nach den Gebrauchsgewohnheiten sowie einen 19 Fragen umfassenden Teil mit Fragen nach der Motivlage, der expliziten Frage nach dem Erleben »rauschähnlicher Zustände« während intensiven Chattens, sowie eine Frage zur Selbsteinschätzung als »süchtig«.

Nach diesem Maßstab ergibt sich das Indiz, dass 12,7 Prozent der Probanden ein suchtartiges Verhalten aufweisen, welches man als »Pathologischen Internet-Gebrauch (PIG)« bezeichnen könnte.

Auffallend ist des weiteren, dass 30,8 Prozent der Subgruppe »PIG« *rauschähnliche* Erlebnisse bei intensivem Chatten bejahen. Hier kann ein biologischer Hintergrund im Bereich der Neurotransmitter und/oder des Endorphinhaushaltes vermutet werden – was weiter zu erforschen wäre. Zudem ist auffällig, dass 40,9 Prozent der Subgruppe: »PIG« sich selbst als »süchtig« einstufen, was für Bereitschaft zur Selbstreflexion spricht und die Diagnostik eventuell erleichtern könnte. Alle angeführten Korrelationen sind statistisch hochsignifikant.

USA

Internetsucht und Einsamkeit

http://www.psychohelp.at/html4/psychologie_nachrichten/internet/internetsucht.shtml

283 Studenten unterschiedlicher Studienrichtungen, die das Internet benutzen, wurden nicht nur nach dem zeitlichen Ausmaß ihrer Nutzung gefragt sondern auch nach ihrer Meinung zu verschiedenen Einstellungen und Ansichten in Bezug auf das Internet. Mit einem zweiten Test wurden die Teilnehmer in die Gruppen »Einsame« und »Nichteinsame« aufgeteilt. Der Vergleich der internetbezogenen Daten in diesen beiden Gruppen zeigte etliche, statistisch bedeutsame Unterschiede: Nichteinsame waren pro Woche im Durchschnitt drei Stunden Online, Einsame fast doppelt so lang. Als Grund für die Internet-Nutzung nannten Einsame stärker als Nichteinsame: Entspannung, Leute treffen, emotionale Unterstützung und Zeit-Totschlagen.
Bei den Einstellungen und Ansichten stimmten Einsame etlichen Fragen deutlich häufiger zu als Nichteinsame, z. B.:

- Ich ziehe Online-Kommunikation realer Kommunikation vor.
- Die Anonymität im Internet macht mich freier.
- Ich bin Online eher ich selbst als im realen Leben.
- Meine Online-Freunde verstehen mich besser als andere Menschen.
- Ich fühle mich schuldig, wenn ich an die Zeit denke, die ich online verbringe anstatt zu arbeiten.

IX. Ausblick

Ich wünsche mir für alle Betroffenen und deren Angehörige, dass es bald selbstverständlich sein wird, dass sie in allen Suchtberatungsstellen, bei jedem Psychotherapeuten und Arzt Hilfe finden und verstanden werden!!! Das ist nämlich – entgegen der vielleicht allgemeinen Auffassung – noch lange nicht der Fall! Viele Suchtberatungsstellen und Ärzte sind selbst oftmals völlig unerfahren in der Handhabung des Internets und können die Gründe für Onlinesucht kaum nachvollziehen! Ein Betroffener, der dies aber während seines »Outings« bemerkt, wird schweigen und sich wieder seinen »Internetfreunden« zuwenden. Er befindet sich in der Sackgasse!

Des Weiteren bitte ich Betroffene und Therapeuten, mir ihre Erfahrungen mit der Sucht und eventueller Therapieangebote mitzuteilen, so dass wenigstens das Portal www.onlinesucht.de als aktuelle und virtuelle Anlaufstelle aufrecht erhalten werden kann, auch wenn das niemals reale Anlaufstellen auch nur annähernd ersetzen kann.

Ein Nachsatz sei mir noch zu einem Thema erlaubt, das nicht unbedingt direkt zur Onlinesucht gehört, sie aber durchaus streift: Die Partnersuche über das Internet. Sehr häufig geben Onlinesüchtige als Grund für ihr Verhalten an, dass sie sich verliebt hätten und eigentlich nicht süchtig nach dem Chatten, sondern dem Gegenüber am anderen Monitor seien. Wenn Sie Menschen kennen lernen, die Ihnen zugetan sind, bei denen sich das »Kribbeln im Bauch« einstellt, dann vermeiden Sie es möglichst, diese Bekanntschaft in eine über Wochen oder Monate geartete Online-Beziehung ausarten zu lassen. Warum, das sagt Ihnen unter anderem vielleicht folgendes Schreiben (männlich, anonymisiert):

Hallo,
auf der Suche nach Informationen zu Internetbekanntschaften bin ich auf diese Seite gestoßen. Ich bin Anfang 43, seit über drei Jahren »Single« und mit Unterbrechungen seit etwa zwei Jahren im Internet auf der Suche nach einer Partnerin. Ich habe sehr viel Zeit in sogenannten »Single-Chats« verbracht.

Heute habe ich es endlich gepackt und mich auch endlich bei den beiden letzten Single-Portalen im Netz abgemeldet, bin jetzt nur noch bei einem, dort ist das Suchtpotential meiner Meinung nicht so hoch, es gibt dort keine Chatmöglichkeit und es besteht keine eigentliche Suchfunktion.

Warum schreibe ich das alles? Ich habe mich jeden Tag, teilweise alle 2 Stunden dort eingeloggt und ins Postfach geschaut, auch während der Arbeitszeit. Oft habe ich mir vorgenommen, mich daheim nur einmal pro Tag einzuloggen und während der Arbeit überhaupt nicht, habe das aber nicht gepackt. Bei einem Internet-Single-Angebot kam es auch zu ein paar Treffen, aber meine Erwartungen sind wohl auch zu hoch an diese Art des Kennenlernens, die ihre Tücken hat. In der Öffentlichkeit und von den entsprechenden Anbietern wird das Internet als Kontaktmöglichkeit immer als sehr positiv dargestellt. Ich habe es aber nicht gepackt, das Ganze locker und als Spaß zu sehen.

Der Frust über die Partnersuche im Internet hat bei mir mehrere Gründe:
– wenn ein schöner Mailkontakt plötzlich unterbrochen wird, ohne Gründe, einfach so und daraus resultierende Selbstzweifel;
– die reale Person ist doch ganz anders, als in der Phantasie;
– der große Männerüberschuss in diesen Foren;
– oft kommt auf »Bewerbungen« keine Rückmeldung;
– die dauernde Mailerei kostet viel Zeit;
– die Hoffnung, doch noch jemanden kennenzulernen, ist ein Teufelskreis;

– nach einem schönen Telefonat am nächsten Tag eine Mail zu bekommen »sorry, war schön, aber doch nicht meine Wellenlänge«.

Es ist sicher auch mein Problem, alles so persönlich zu nehmen, ich habe allerdings auch etwas daraus gelernt: Mittlerweile kann ich auch etwas besser selber absagen, bei dem Gefühl, dass die Wellenlänge nicht stimmt, oder die Stimme mir total unsympathisch ist. Noch geht es mir gut ohne Flirtmaschinen, aber »Entzugssymptome« habe ich schon. Vielleicht verpasse ich etwas.

Diese Abhängigkeit hat sicher viel mit meiner Persönlichkeit zu tun und damit, dauernd hinter Frauen herzurennen, ohne »bei mir zu bleiben« und auch Verzweiflung. Ich bin mal gespannt, ob ich nicht wieder »rückfällig« werde. Eine Sucht ist es wohl noch nicht, aber zumindest eine große Abhängigkeit.

Reale Treffen mit Internetbekanntschaften

Das Kennenlernen über den Kommunikationsbereich des Internets nimmt einen immer größer werdenden Stellenwert in unserer Gesellschaft ein. Die »umgekehrte Art des Kennenlernens«, in der Sie zunächst die Gedanken, Gefühle, Emotionen und Träume eines Menschen kennen lernen, bevor sie ihn je gesehen haben, birgt aber auch einige Gefahren. Nicht jede Internetbekanntschaft (ob männlich oder weiblich) meint es ehrlich, und wir alle wissen, dass unsere Welt auch viele Überraschungen für uns bereithält, an die wir nie geglaubt hätten. Im guten sowie im bösen Sinne.

Um Ihnen ein möglichst hohes Maß an Sicherheit zu geben, wenn es dann schließlich zu einer realen Verabredung kommt, empfehle ich Ihnen aus eigener Erfahrung folgende Maßnahmen:

Telefoncheck
Lassen Sie sich die Festnetznummer Ihres Gegenüber geben und kontrollieren Sie, ob es den Anschluss wirklich gibt und derjenige sich dort meldet!

Adresse
Jemand, der es ehrlich meint mit Ihnen, wird Ihnen die Adresse ohne Zögern nennen. Sollte dies nicht der Fall sein, seien Sie gewarnt, denn er/sie hat dann sicher etwas zu verbergen!

Datenbank
Sollten Sie sich öfter mit verschiedenen Menschen treffen, legen Sie eine Datenbank auf Ihrem Rechner an mit Namen, E-Mail-Adr., Tel. und Anschrift des Interessenten! Sorgen Sie dafür, dass Sie einen Menschen Ihres Vertrauens einweihen, der im Bedarfsfall auch Zugang zu diesen Daten hätte!

Vertraute/r
Sie sollten in jedem Fall einer Ihnen vertrauten Person vor dem Treffen erzählen, wann und mit wem Sie sich treffen wollen. Diesen Namen der Vertrauensperson sollten Sie zu Hause neben Ihren Rechner legen, bevor Sie das Haus verlassen!

Handy-Kontrolle
Lassen Sie sich während Ihres ersten Treffens von einer vertrauten Person auf dem Handy anrufen, um dem Gegenüber eine Signalwirkung zu geben, dass jemand von dem Treffen weiß!

Bei all' diesen Vorsichtsmaßnahmen sollte der Spaß und die Freude am Kennenlernen anderer Menschen sicher nicht verloren gehen. Aber Vorsicht ist eben nun einmal besser als Nachsicht, und so manch einer hat sicher schon bereut, die oben genannten Tipps nicht befolgt zu haben.

Schlusswort

Aber es gibt sie eben auch, die Ex-Online-Süchtigen. Denn es ist zu schaffen! Ob allein, mit Freunden oder professioneller Hilfe. Es ist möglich, das Internet wieder nur für das zu benutzen, wofür es gut und eigentlich gedacht ist. Das globale Netz bietet uns eine Fülle von Informationen, schließt Wissenslücken und ermöglicht internationale Kontakte. Ein Leben ohne Internet ist nicht mehr vorstellbar. Aber es ist ähnlich wie mit dem Glas Wein am Abend, das sicher sehr anregend sein kann und gut tut. Eine ganze Flasche davon an jedem Abend führt allerdings leicht in die Abhängigkeit – oft auch ohne, dass dies bewusst wahrgenommen wird.

Eine ehemals Betroffene schreibt dazu:

»Freue mich auch jedesmal zu lesen, das es einer der ›Unseren‹ auf Dauer geschafft hat und wieder LEBT!«

Zum Leben gehört nämlich wesentlich mehr, als tippend vor dem Monitor zu sitzen! Man spürt, dass man endlich wieder lebt, wenn man sich auch wieder über kleine Dinge freuen kann, einen rosaroten Sonnenuntergang, ein Lied im Radio, einen Kuss von seinen Kindern oder dem Partner – oder was auch immer für einen persönlich Glücksgefühle auslöst. Ganz wichtig finde ich es auch klar zu sagen, dass es möglich ist, aus der Sucht herauszukommen, ohne dabei ganz auf den Computer verzichten zu müssen. Man lernt einfach wieder, richtig damit umzugehen. Es kann durchaus sein, dass man jeden Tag nur eine halbe Stunde dran sitzt, es kann aber auch mal passieren, dass man eine halbe oder ganze Nacht im Netz ist, weil es einfach Spaß macht – und kein zwanghaftes Handeln mehr dahintersteckt. Es ist zu schaffen!! Bestimmt für jeden auf eine andere Art, vielleicht mit fremder Hilfe, vielleicht aus eigener Kraft. Versucht es und fangt wieder an zu leben!

Ich wünsche Ihnen und Ihren Angehörigen, dass Sie lernen, das Internet »bewusst« anzuwenden und es so vernünftig in Ihr Leben integrieren können, denn ein Verzicht auf dieses Medium ist für uns alle ja längst undenkbar geworden.

Danke

Mein Dank gilt in erster Linie meiner Tochter, die ihre Mutter in Zeiten der damaligen Onlinesucht nicht im Stich gelassen hat. Darüber hinaus aber wäre eine vernünftige Arbeit mit Onlinesüchtigen und deren Angehörigen nicht möglich, wenn sich nicht mittlerweile einige Experten (Ärzte, Psychotherapeuten, Wissenschaftler) dem Thema ernsthaft zuwenden würden. Nicht zuletzt aber danke ich den Betroffenen und deren Angehörigen, das sie nach und nach ihre Hemmschwellen abbauen und über ihr Problem sprechen. Nur so wird es gelingen, die Onlinesucht in den Griff zu bekommen!

Ihre Gabriele Farke *im Herbst 2003*

X. Anhang

Adressen

Im Internet habe ich einige empfehlenswerte Seiten zum Thema Sexsucht (Onlinesexsucht) gefunden:

Forum für betroffene Personen und deren Angehörige:
http://www.onlinesucht.de
Psychologischer Beratungsdienst zum Thema Onlinesucht:
Gabriele Farke, Hotline: 09001-300655 (0,96 Eur/Min)
http://www.onlinesucht-hotline.de
Private Homepage der Autorin:
http://www.gabriele-farke.de

Schweiz:
Franz Eidenbenz
»Offene Tuer Zürich«
Fachpsychologe für Psychotherapie
Beethovenstraße 45
CH-8002 Zürich
T: 0041-1-2023000
Franz.eidenbenz@bluewin.ch
www.offenetuer-zh.ch

Österreich:
Primarius Dr. Hans D. Zimmerl
Facharzt für Psychiatrie und Neurologie
Schwenkgasse 4
A-1120 Wien
Tel: 0043-1-88010-162
Hans.Zimmer@telecom.at
http://gin.uibk.ac.at/zimmerl

Weitere Adressen im Netz:
http://www.aerztegesundheit.de/sex1.htm
Suchtmedizin aktuell/ Schriftenreihe der DGDS e.V.
»Süchtiges sexuelles Verhalten«

http://www.heise.de/tp/deutsch/inhalt/te/1995/1.html
Sex im Internet (Florian Rötzer)

http://www.msnbc.com/news/171418.asp?cp1=1
MSNBC-News: Pulse of online sex is positive

Literatur

Wenn Sie weitere Literatur zu den verschiedenen Themenbereichen interessiert, habe ich hier einige Empfehlungen für Sie:

Sachbücher
Young, Kimberly: »Caught in the Net«, München 1999
Greenfield, David N.: »Suchtfalle Internet«, Düsseldorf 2000
Geislinger, Rosa (Hg.): »Es gibt immer einen Ausweg – Praxishandbuch Sucht«, München 2001
Singer, Barbara: »Medien – Von der Faszination zur Sucht«, Wien 2001

Fachliteratur zum Thema »Sexsucht«:
Schneider, B & Funke: »Sexsucht – Theorie und Empirie«, Wien 2000
Roth, Klaus: »Sexsucht – Therapie und Praxis«, Weinheim 2000
Covington, Stephanie und Becket, Liana: »Immer wieder glaubst du, es ist Liebe«, München 1993
Schmeichel, Frank: »Wenn Sex zur Sucht wird«, Berlin 1993

Belletristik
Farke, Gabriele: »Sehnsucht Internet – Auf dem Weg in die Abhängigkeit«, Zürich 1998
Farke, Gabriele: »Hexenkuss – Onlinesüchtig und was nun?«, Langenfeld 1999

Anmerkungen

1 Auszug aus den wissenschaftliche Studien der Humboldt-Universität zu Berlin, siehe unter Kapitel VII
2 Stand: 2002
3 Quelle: SuchtReport Nr. 6 u. wissenschaftl. Studien im Kap. VII
4 User = Internet-Anwender
5 Mailbox= Virtuelles Postfach
6 http://www.apa.org/releases/internet.html
7 irl = in real life (im realen Leben)
8 PIN = Persönliche Identifikations-Nummer
9 Wissenschaftliche Studie Zimmerl/Panosch:
  http://gin.uibk.ac.at/gin/sachthema/gin.cfm?nr=11269
10 Provider = Anbieter von Internetverbindungen
11 im Internet: http://www.onlinesucht.de
12 im Internet: http://www.onlinesucht.de/fahil.html
13 im Internet: http://www.onlinesucht.de/tvtermine.htm
14 Flatrate: Pauschaler Monatsbetrag für zeitlich unbegrenzte Internetnutzung
15 ICQ= Chat-System (Kommunikationsplattform)
16 RPG = Registrierte Personengruppen
17 http://www.salzburg.com/sn/00/02/29/innenpolitik-9220.html
18 Homepage = Internetseite, auf der man seine eigenen Inhalte präsentieren kann
19 dirty-talk = Sexuell erregendes Gespräch
20 Sex-Fotos
21 Datenträger
22 Subs = Unterwürfige
23 Fakes = Internetnutzer, die eine bewusst falsche Identität oder Geschlecht im Netz angeben
24 SM = Sado-Masochismus
25 DOM = dominanter Mann, DOMME = dominante Frau
26 Cookies = Verlaufsspuren über die Internet-Aktivitäten
27 Webcam = kleine Kamera, die auf dem Monitor montiert wird und Live-Bilder überträgt
28 Nickname = Benutzername
29 NS = Natursekt (Urin)
30 KV = Kaviar (Fäkalien)
31 http://www.ebay.de
32 Quelle: Rhein-Zeitung, 05.092001
33 Quelle: http://www.rp-online.de/news/multimedia/online/2003-0218/ebay.httml

34 Faker = Verwender von falschen Benutzernamen
35 Posting = Nachricht, die schriftlich in einem Internetforum hinterlassen wird
36 Virtual Clinic, Dr. Kimberly Young:
    http://www.netaddiction.com
37 Difa-Forum: http://www.difa-forum.de
38 Bluewin: http://www.bluewin.ch
39 Swissonline: http://www.swissonline.ch
40 Metropolis: http://www.metropolis.de/chat/onlinesucht.php
41 Download: Speichern von Internet-Inhalten auf dem eigenen Rechner
42 Newsgroups: Diskussionsgruppen über unterschiedlichste Themen, an denen jeder Nutzer des Internet sich beteiligen kann.

Bibliografische Information Der Deutschen Bibliothek

Die Deutsche Bibliothek verzeichnet diese Publikation in der Deutschen Nationalbibliografie; detaillierte bibliografische Daten sind im Internet über http://dnb.ddb.de abrufbar

1 2 3 4 5   07 06 05 04 03

© 2003 Kreuz Verlag GmbH & Co. KG Stuttgart
Ein Unternehmen der Verlagsgruppe Dornier
Postfach 80 06 69, 70506 Stuttgart, Tel: 0711/788030
Sie erreichen uns rund um die Uhr unter www.kreuzverlag.de
Umschlagfoto: © ZEFA/G. Schuster
Umschlaggestaltung: Eberle und Kaiser Werbeagentur GmbH, Freiburg
Satz: de·te·pe, Aalen
Druck und Bindung: Clausen & Bosse, Leck

Die Schreibweise entspricht den Regeln
der neuen Rechtschreibung

ISBN 3-7831-2291-0